CLAUS JACOBI

Der Schokoladenkönig

CLAUS JACOBI

Der Schokoladenkönig

Das unglaubliche
Leben des
Hans Imhoff

Mit 73 Abbildungen

LANGEN MÜLLER

© 1997 by Langen Müller in der
F. A. Herbig Verlagsbuchhandlung GmbH,
München Berlin
Schutzumschlaggestaltung: Kaselow Design, München
Satz: Filmsatz Schröter, München
Gesetzt aus 12,5/15 Punkt New Caledonia auf Macintosh
in QuarkXPress
Druck und Binden: Jos. C. Huber, Dießen
Printed in Germany
ISBN 3-7844-2650-6

Inhalt

Vorwort

Ich habe ein kleines Ferienhaus auf Sylt. Wenn die Sonne hineinscheint, ist es voll. Dann und wann läuft mir das Meer in die Garage.

Vor etwa 20 Jahren erwarb ein untersetzter Herr mit einer hübschen jungen Frau und zwei wohlgeratenen Töchtern das prachtvolle Anwesen, das sich nebenan erhebt, eine Art Buckingham Palace unterm Reetdach.

Als Morgengabe für den kleinen Nachbarn entfernte er einen Scheinwerfer an seiner Gartentreppe, dessen Licht nachts störend durch die geöffneten Fenster in mein Schlafzimmer fiel.

Ostern und Weihnachten versüßte er mir fortan nach Gutsherrenart mit Naturalien – Schokolade aus seiner Ernte bei Stollwerck und Sprengel, Eszet, Waldbaur oder Hildebrand.

Und jedes Jahr erfuhr ich ein wenig mehr aus dem ungewöhnlichen Leben dieses ungewöhnlichen Mannes, von seinem Werden und Wirken, von seinen Gedanken und Geschäften, von seinen Siegen und Krisen.

7

Er hat in den Abgrund geschaut und Triumphe errungen. Er war jahrelang in Bescheidenheit aufgewachsen und wurde einer der wohlhabenden Bürger der Republik.

Er ist auf einem Auge fast blind, haßt es zu fliegen und liebt die Oper. Sein Lieblingsmarsch ist der »Triumphmarsch« aus Verdis »Aida«. Er kennt die guten Jahrgänge des Bordeaux seit 1958 auswendig, und die Preise für Kakaobohnen noch ein Jahrzehnt länger.

Wann immer er im Kölner Hotel »Excelsior« zum Essen verabredet ist, bleibt er vor dem Eingang stehen und schaut an den gewaltigen Quadern des Doms empor, der sich daneben erhebt: »Es hilft, die Dinge in ihren Proportionen zu sehen.«

Allen gesellschaftlichen Umtrieben auf Sylt hält er sich fern. Er geht in Restaurants, wo die Fische frisch sind, nicht die Gäste reich. Verglichen mit seiner Grundgeschwindigkeit bewegt sich der Transrapid im Tempo eines Trauerzuges. Wenn er auf der Insel nicht telefoniert, marschiert er über sie – täglich bis zu drei Stunden am Watt. Will er vier Tage bleiben, ist er nach zwei Tagen wieder weg, sind zwei Wochen vorgesehen, sitzt er nach einer Woche wieder im Auto.

Er arbeitet sieben Tage die Woche. Warum, bei seinem Geld, bei seinem Alter? »Wenn ich abends nicht müde bin, kann ich nicht schlafen«, ist seine Antwort. Mit 65 Jahren legte er sich seinen ersten Fahrer zu.

Viele Manager, die heute von Daimler bis zur Deutschen Bank die deutsche Wirtschaft kommandieren, sind genau wie unsere Politiker für eine bestimmte Frist bestellt – Zeitarbeiter auf rotem Teppich. Sie verfügen nur über entlehnte Macht, sie verwalten nur fremdes Geld.

Hans Imhoff aber gehört, worüber er befiehlt: Ein Zwei-Milliarden-Imperium. Tausenden von Aktionären schüttet er Dividenden aus, Tausenden von Menschen gibt er Lohn und Brot.

Er ist Konsul von Togo, Ehrenbürger von zwei Städten, Ehrendoktor von drei Universitäten, einschließlich seiner Vaterstadt Köln, Besitzer von zehn Fabriken, Träger hoher deutscher und ausländischer Orden. Als Mäzen stiftete er Millionen.

Und letztes Jahr produzierte er mehr Tafeln Schokolade, als Minuten seit Christi Geburt verstrichen sind.

Das 20. Jahrhundert ist sein Jahrhundert. Drei Viertel hat er durchwandert. Er ist mit diesem Jahrhundert alt geworden. Doch im Gegenteil zu ihm wurde er eher besser.

Die Geschichte der Deutschen im 20. Jahrhundert ist ein Phänomen. Sie haben kaum Glaubliches geleistet und – durch den Holocaust – kaum glaubliche Schuld auf sich geladen, sie haben gelitten und gemordet.

Fünf Regime schworen sie die Treue: Dem Kaiser, Weimar und Hitler, der DDR und der Bundesrepublik. Eide zerbrachen wie Streichhölzer. Rückgrate krümmten sich wie Regenwürmer.

In zwei Weltkriegen entrichteten die Deutschen einen gewaltigen Blutzoll. Zweimal wurde eine Elite geköpft. Zweimal lagen die Deutschen geschlagen am Boden. Ein Fluch schien auf ihnen zu lasten.

Inflation und Weltwirtschaftskrise zerstörten ihre Volkswirtschaft, feindliche Bomben ihre Städte. Ein Viertel des Reichsgebiets ging 1945 verloren. Der Rest des Landes war über vier Jahrzehnte geteilt.

9

Zwei deutsche Staaten – als Kinder des Kalten Krieges geboren – wurden zu feindlichen Brüdern erzogen, Speerspitzen von Kommunismus und Kapitalismus im Kampf um die Vorherrschaft.

Im deutschen Osten wuchsen Diktatur, Unfreiheit und Mangel, im Westen Demokratie, Freiheit und Wohlstand. Und am Ende dieses krummen Jahrhunderts zählen die wiedervereinigten Deutschen zu den wohlhabendsten Nationen der Welt, stärker als jeder ihrer früheren Feinde in dieser Zeitspanne – mit Ausnahme Amerikas.

Dieses geschichtliche Resultat wäre nie möglich gewesen, ohne Deutschlands wirtschaftlichen Aufstieg nach dem Zweiten Weltkrieg. Das Wirtschaftswunder war Voraussetzung für das, was seither passiert ist.

Dieses Wunder hatte viele Väter: Von Amerikas Außenminister George Marshall und Bonns Wirtschaftsminister Ludwig Erhard über ein erschöpftes Volk mit einem ungeheuren Lebenswillen bis zu jenen Männern, die des Aufbaus Weichen stellten, Symbolfiguren wie Springer, Abs und Flick, Neckermann und Nordhoff, Grundig und Horten.

Hans Imhoff war einer der Jüngsten dieser Gründer-Generation. Heute ist er einer der letzten. Einst war sein Feld, wie das der anderen, die Bunderepublik. Nun hat er unternommen, was den anderen nicht mehr vergönnt war: Er ist nach Osten aufgebrochen, baute Fabriken in den neuen Ländern, in Polen, Ungarn und in Moskau.

Er ist ein Dinosaurier des Wirtschaftswunders, dessen Geist und Gesetze in seinem Konzern noch gelten – wenn auch mehr und mehr jenseits der deutschen Grenzen.

1997 steht Hans Imhoff seit 25 Jahren an der Spitze von

Stollwerck, ist seit 50 Jahren Unternehmer und feiert seinen 75. Geburtstag. In Köln hat er sich einen Lebenstraum erfüllt und ein Schokoladen-Museum gebaut.

Zeit zur Feder zu greifen, Zeit für ein Buch über den schwergewichtigen Nachbarn von Sylt – den Schokoladen-König.

Hamburg, im März 1997   C. J.

I
Der Mann

Der Mann

Hans Imhoff ist 1,70 m groß und 97 Kilo schwer. »Wenigstens 80 Kilo davon«, meint er, »sind aus Schokolade.«

Es gibt wohl keinen Deutschen, der mehr von Schokolade versteht als er. Als Kind sehnte er sich nach ihr. Als Mann wurde er durch sie wohlhabend. »Schokoholic« wird er genannt. »Ich bin auf Schokolade fixiert«, gesteht er. »Sie hat für mich etwas Ungewöhnliches, etwas Geheimnisvolles, ja etwas Mystisches. Ich bin der einzige Mensch, der ein Herz aus Schokolade hat.«

Er ißt jeden Tag mindestens eine Tafel und verkaufte letztes Jahr mehr als eine Milliarde Tafeln.

Seine Vorfahren waren eine alte Kölner Bildhauerfamilie. Sein Vater litt durch die Weltwirtschaftskrise als selbständiger Schlossermeister jahrelang bittere Not. Der Sohn lehnte sich an die Mauern der Stollwerck-Fabrik im nahen Severinsviertel, um wenigstens zu schnuppern, was er sich nicht leisten konnte: Den Duft, aus dem seine Träume waren. »Ich habe nichts gehabt, nichts geerbt, nichts geheiratet«, erinnert er sich. Als Hans Imhoff 21 Jahre war, schenkte der Vater ihm fünfhundert Mark. »Das ist alles, was ich habe«, sagte er: » Sieh zu, daß du was draus machst.« Und der Sohn machte was draus. Mit 29 Jahren wurde er von »Bild« als »Deutschlands jüngster Millionär« bezeichnet. »Ich habe einen starken Drang zum Geld«, spottet Hans Imhoff über sich selbst.

Im Sommer der Währungsreform 1948 hatte er in einer Lagerhalle in Bullay an der Mosel in Suppenkesseln des ehemaligen Reichsarbeitsdienstes auf Spirituskochern die Cadbury-Schokolade aus CARE-Paketen eingeschmolzen und eine Zuckermasse damit überzogen: Deutschlands erste Nachkriegs-Pralinen.

Anfang der fünfziger Jahre, auf der Jahrestagung des exklusiven Clubs der Kakao-Einkaufs-Gesellschaft deutscher Schokoladen-Fabrikanten in Baden-Baden begrüßte der ehrwürdige Dr. Bernhard Sprengel aus Hannover vor dem Festsaal die Gäste. »Imhoff aus Bullay« stellte sich ihm einer der letzten vor. Vor Schreck über das Eindringen des Aufsteigers ließ Sprengel sekundenlang die schon zum Gruß des Gastes ausgestreckte Rechte sinken – heute gehört Sprengel Imhoff.

Anfang der fünfziger Jahre war es auch, daß Stollwerck in Köln erstmals von dem unbequemen Unbekannten an der Mosel Notiz nahm: Deutschlands größte Schokoladenfabrik verbot ihm durch Einstweilige Verfügung auf der Verpackung seiner Schokolade farbige Vögel zu zeigen, die den geschützten Stollwerck-Papageien ähnelten. Der Nobody aus Bullay möge doch dem Gericht erklären, warum er so »schmarotze«, höhnte der Stollwerck-Advokat – heute gehört Stollwerck Imhoff. Genauer: über 95 Prozent des Aktienkapitals.

Die restlichen Prozente teilen sich einige tausend Klein-

16

aktionäre. Ihre Stunde schlägt am dritten Mittwoch jeden Wonnemonats Mai. Da lädt der Aufsichtsrats-Vorsitzende Hans Imhoff zur Hauptversammlung.

Es gibt in Deutschland nicht ihresgleichen. Sie ähnelt mehr einer Karnevals-Sitzung als einer Kapitalisten-Versammlung. Der große Saal des Kölner »Gürzenich« reicht seit Jahren nicht aus, um die Zahl der Teilnehmer zu fassen; Video und Mikrophone übertragen das Geschehen in angrenzende Säle.

Sie kommen einzeln, sie kommen in Scharen, sie kommen um frohe Dividenden-Botschaft zu hören, um zu schmausen und zu trinken, um ein Schokoladen-Paket zu empfangen – und um Hans Imhoff zu hören. Er spricht frei und Kölsch, wie in der Bütt. Imhoff ist Stollwerck und Stollwerck ist Köln.

»Aach, da is ja och der Enkel vun dem ahlen Adenauer«, sagt er im letzten Jahr bei der Begrüßung der Gäste: »Dat is jo schon wat.« Applaus zum Anwärmen.

Der anwesende Notar werde die Abstimmungen protokollieren: »Kostet ne Haufen Jeld, dat dä dat mäht.« Gelächter flackert auf.

Dann kommt er zu den Geschäften, zu einem Dreißig-Millionen-Dollar-Investment für ein neues Werk in Poznan, dem ehemaligen Posen: »Mer han uns en paar Mark vun de Bank jeholt, weil die uns doröm jebedde han, un sin damit noh Polen jejangen, um se zu verplempern.« Die Stimmung steigt.

Über die Sanierung der Stollwerck-Tochter Jacques in Belgien berichtet er, man habe ein paar Generaldirektoren nach Haus geschickt, die »viel Geld bekamen, aber wenig getan« hätten. Der Staat habe 3,5 Millionen verlorenen Zuschuß für eine neue Fabrik gezahlt und die sei in weniger als einem Jahr hochgezogen worden: »Nun dürfen Se noch einmal klatschen.« Und sie klatschen, daß es rauscht.

Vorsichtig, darauf weist Imhoff 1995 hin, werde bei Stollwerck ohnehin gewirtschaftet: »Wir verkaufen unsere Schokolade ab Werk. Cash. Das heißt: Erst muß das Geld dasein. Dann wird es nachgezählt. Dann gucken wir, ob es auch nicht falsch ist. Und dann kriegt der Lkw seine Schokolade. So machen wir das Geschäft.« Der Beifall dröhnt bis auf die Straße.

Sparsamkeit sei Wesenszug des Konzerns: »Mer kümmern uns sojar doröm, wieviel Klosettpapier mer ob dem Scheißhaus verbroche, och dat is Jeld.« Denn: »Mer sind keine Kapitalisten, mer sind notleidende Schokoladenfabrikanten. Aber zu esse jibt es noher trotzdem wat« (1996). Der Saal jubelt.

Roswitha Münckner, Besitzerin von 50 Stollwerck-Aktien, gestand der »Kölnischen Rundschau«: »Die besten Versammlungen sind die von Bayer, Stollwerck und Henkel. Aber so schön wie bei Stollwerck ist es nirgendwo.«

Vor 25 Jahren war Hans Imhoff an die Spitze des alten Kölner Unternehmens gerückt, hatte eine drohende Pleite abgewendet, Verluste in Gewinn verwandelt, wieder Dividende ausgeschüttet und konnte seither stetig den Umsatz steigern – seit 25 Jahren, Jahr um Jahr. Er hatte aus Schrott Gold gemacht. Der Aktienkurs kletterte von 130 auf 500. Glückliche Aktionäre applaudieren ihm.

Selbst Mißerfolge teilen sie gern mit ihm. Eine Beteiligung an der israelischen Schokoladenfabrik »Rose of Galilee«

mußte »gerade noch ohne Verluste« verkauft werden, weil der Partner in Zahlungsschwierigkeiten geriet. »Ich habe mich vertan, ich habe es nicht gut gemacht«, erzählt er den Aktionären.

»Können Se dat vertrajen?« Sie können.

Und über 30 Millionen Mark Rücklagen seien durch steigende Kakao-Preise aufgefressen worden. »De 30 Millionen? Se sin weg, meine Damen und Herren. Die hat jetzt ein anderer. Aber wir können nix dafür.« Das glauben ihm alle.

1974 riet Hans Imhoff seinen Aktionären: »Ich bleibe in der Schokolade und Sie sollten es vielleicht auch tun... Es wird sich lohnen.« 22 Jahre später, 1996, nahm er den Faden noch einmal auf: »Wer sich vor rund 20 Jahren reichlich mit Stollwerck-Aktien eingedeckt hat, ist ein reicher Mann. Das sehen Sie an mir.«

Kein Wunder, daß der Aufsichtsrats-Vorsitzende in den Jahren dazwischen auch ohne Gegenstimmen entlastet wurde. Mit »Halleluja« quittierte er 1995 den Vertrauensbeweis. Und dann: »Jetzt freu isch misch op dat Kölsch.« Durchgeschwitzt und glücklich stieg er vom Podium herab zu Kalbsbraten und dem Bad in der Menge.

Volkstümlichkeit und kölsche Kalauer sind nicht nur gespielt, nicht nur Fassade. Er liebt den Umgang mit Menschen. »Ich bin kein Clown, ich versuche lediglich das Schwere und Ernste erträglicher zu machen.« Sein Lächeln sitzt locker wie einst der Colt von John Wayne.

Doch wer ihm in seinem Büro in der Stollwerck-Verwaltung begegnet, erlebt einen anderen Hans Imhoff als im »Gürzenich«. Hinter seiner Jovialität verbirgt sich Intelligenz, hinter seiner Gemütlichkeit Sprungbereitschaft. Seine Kumpelhaftigkeit tarnt philosophische Gedanken. Und neben seinem Herzen aus Schokolade ist Platz für einen Willen aus Granit.

Arbeit ist sein Leben, Fleiß für ihn Voraussetzung zum Erfolg. »Ich habe einen hohen Leistungsstandard. Und den erwarte ich auch bei anderen.« Er verfügt über die Energie der Kleinen – von Napoleon bis Augstein. Doch anders als die meisten von ihnen, bekennt er sich schmunzelnd zu seiner Figur. »Der kleine Dicke« hat er sich einst in einer Werbung für »SCHO-KA-KOLA« selbst getauft.

Sein Büro in Köln-Porz hat fast die Dimension eines Tennisplatzes. Der Boden ist Marmor, drei Seiten sind Fenster. An der einzigen Wand dem Schreibtisch gegenüber hängt ein Nay. Dazwischen liegt ein großer Teppich, dessen Schönheit (und Wert) schon meinen inzwischen verstorbenen Bankier Enno von Marcard bei einem Besuch tief beeindruckt hatte.

Zwölf Uhren im Raum ticken, schlagen, messen die Vergänglichkeit. Die älteste ist 400 Jahre, die jüngste wurde von einem modernen Künstler im letzten Jahr gefertigt; eine stammt von Pridham in London. Imhoff liebt Uhren. »Ihre Präzision ist eine Mahnung«, sagt er: »Nichts ist endlos, nichts unbegrenzt.«

Aus dem Fenster fällt der Blick auf ein liebliches Biotop mit Ententeich – und einer monströsen Lokomotive. Es ist die letzte große Dampflok der Bundesbahn. Sie war für 20 000 Mark zu haben. Noch einmal 20 000 kostete der Transport in Imhoffs Blickfeld. »Ihre naive Kraft erinnert mich an mich«, erklärt der Hausherr seine Zuneigung. Hinter dem Vehikel erhebt sich eine langgestreckte Reithalle; davor grasen Pferde. Behinderte Kinder erhalten dort therapeutischen Reitunterricht – eine Idee des Mäzens von nebenan.

Alle wirtschaftlichen Imhoff-Interessen sind in einer Imhoff-Industrie-Holding zusammengefaßt. Stollwerck ist nur eine, wenngleich die schönste und mächtigste Beteiligung, die sie hält. In Stollwerck sind heute alle Schokoladen-Aktivitäten der Imhoff-Gruppe vereint, von Sprengel bis Eszet.

Statt von einem Vorstandsvorsitzenden wird dieser Schokoladen-Konzern mit 1,4 Milliarden Umsatz vom Aufsichtsrats-Vorsitzenden geführt – am kurzen Zügel wie ein Familienbetrieb. In den letzten 25 Jahren hat der Aufsichtsrat noch nie einen Beschluß mit einer Enthaltung oder Gegenstimme gefaßt.

Andere Unternehmen kosten ihre bis zu elfköpfigen Aufsichtsräte Hunderttausende von Mark im Jahr. Bei Stollwerck besteht der Aufsichtsrat aus sechs Mann (davon zwei Arbeitnehmervertreter), die zusammen 27000 Mark brutto erhalten: 9000 für den Vorsitzenden, 6000 für seinen Vize und je 3000 für die Mitglieder.

»Übrigens die einzigen Bezüge, die mir die Firma zahlt«, stellt Imhoff fest. »Alles andere, was unten herauskommt, wird oben wieder hineingepumpt. Stollwerck steckt sein Geld in Schokolade, nicht in den Aufsichtsrat. Meinen Lebensunterhalt bestreiten andere Imhoff-Unternehmen.« Wie soll ihn da ein Aktionär nicht in sein Nachtgebet einschließen.

Das Telefon summt. Am Apparat ist die »Kakao-Einkaufs-Gesellschaft« in Hamburg, die Stollwerck zu 76 Prozent gehört. Imhoff hört genau 34 Sekunden zu. »Gut«, sagt er dann: »Kaufen Sie 1000 Tonnen für 2,39 Mark.« Er legt den Hörer auf und hat die erste Kakao-Lieferung des nächsten Jahres bestellt – für 2,3 Millionen Mark.

»Kakao ist für uns, was Öl für Esso und Shell ist«, erzählt Imhoff. »Rohstoff und Risiko, unverzichtbar und unkontrollierbar. Der Preis ist abhängig von Krieg und Politik, von Frachtraten und Spekulanten, vom Wetter und der Ernte. Innerhalb von Jahren hat der Preis sich schon mal verdreifacht. 1965 kostete das Kilo in London 95 Pfennige, 1977 neun Mark. Wie soll man da kalkulieren?«

»Und woher wußten Sie eben, daß 2,3 Millionen fürs nächste Jahr der richtige Preis sind?«

»Ich weiß es nicht. Ich fühle es. Aber das kann auch total falsch sein.«

Ihm fällt etwas ein. Auf dem Tisch steht eine Packung »Trutsy«-Cereals mit Nußfüllung. Er schüttet eine Handvoll heraus und bittet einen Mitarbeiter aus dem Labor zu sich: »Lassen Sie die Dinger mit Schokolade überziehen, halb Bitter, halb Milch. Vielleicht springt was dabei heraus.«

Durch die geöffnete Tür sieht er einen Besucher in seinem Vorzimmer warten. Es ist der Präsident einer seiner ausländischen Fabriken. Imhoff geht hinaus, ihn herzlich zu begrüßen – und faltet ihn zusammen. Der Manager hat ein Zwei-Millionen-Geschäft abgeschlossen und den Chef nicht informiert. »So geht es ja nicht zwischen uns. Noch einmal und Sie sind weg, kapiert?« Die beiden Vorzimmerdamen, Frau Janke und Frau Wahl, vergraben ihre hübschen Köpfe tief in ihre Akten. Als wäre nichts gewesen kehrt Imhoff ins Büro zurück. »Ich soll mich nicht aufregen. Mein Blutdruck.

Aber ich muß doch wenigstens noch ab und zu so tun. Sonst nimmt mich ja niemand mehr ernst.«

Eine Gefahr, die im Betrieb nicht besonders ausgeprägt scheint. Ehe sich der Schokoladen-König in seinem Imperium um seine Autorität sorgen muß, fließt der Rhein rückwärts. Den Eindruck jedenfalls vermittelt ein Rundgang mit Imhoff durch das an die Hauptverwaltung angrenzende Stollwerck-Werk in Köln-Porz. Es ist mit über 1000 Mitarbeitern nach Ford der größte Industrie-Betrieb in Köln – und zugleich eine der kleineren Schokoladen-Fabriken in Imhoffs Stollwerck-Konzern.

Sein besonderer Stolz gilt in diesem Werk einer neuen Pralinen-Packstraße. Erst im Juli 1996 hat er sie mit Außenminister Klaus Kinkel eingeweiht. Von der Schweizer Industrie-Gesellschaft in Neuhausen wurde sie gebaut. Nichts Vergleichbares steht in Deutschland, in Imhoffs Worten: »Zauberei.«

Die computergesteuerte Roboter-Straße verpackt 300 Millionen Pralinen im Jahr. Förderbänder transportieren jede Minute rund 1000 frisch hergestellte Pralinen – unterschiedlich in Form und Inhalt – in Richtung der Roboter-Greifarme.

Kameras erkennen, welche Pralinen umgefallen oder beschädigt sind und warnen die Roboter vor ihnen. Deren Greifarme nehmen sich deshalb nur der perfekten Stücke an. Sie positionieren sich auf einen Zehntel-Millimeter genau über ihnen und saugen sie durch eine Luftdüse an, ohne die zarten Gebilde zu verletzen.

Dann schwenken sie mit ihnen herum, zu einem Laufband voll leerer Schachteln und setzen jede Praline genau in jene

23

Einbuchtung der Verpackung, die für ihren Typ vorgeformt ist.

Die Straße der Roboter ist 60 Meter lang und hat sechs Millionen Mark gekostet, jeder Meter 100 000 Mark, das Zehnfache von einem Meter Autobahn. Sie leistet, was bisher 60 Arbeiterinnen mühsam mit der Hand verpacken mußten.

Nun paßt nur noch eine von ihnen im weißen Kittel mit weißem Häubchen auf, ob ein Roboter vielleicht einen Fehler gemacht hat: Eine Türkin überwacht Schokoladen-High-Tech in Deutschland. »Grüß Gott, Herr Doktor«, sagt sie guttural zu Hans Imhoff, ohne den Blick von den Pralinen zu heben – ihre Kolleginnen haben bei Stollwerck neue Arbeitsplätze erhalten.

Das Tempo des Hausherrn macht den Rundgang durch die Fabrik zum Rundlauf. Nach 28 Minuten stehen wir wieder in der Empfangshalle der Hauptverwaltung: In einer Ecke der Pförtner, in einer zweiten eine Kolbe-Plastik, in der dritten ein Stollwerck-Automat von 1860. Marmor-Stufen führen nach oben. Fahrstühle gibt es nicht. Zu Fuß steigt der 75jährige Konzernherr täglich in sein Büro im zweiten Stock.

Dort erwarten ihn jetzt eine Tasse Kaffee HAG und die wichtigste Nachricht jeden Tages: die Tonnage-Meldung. Alle Fabriken geben an, wieviel Ware sie am Vortag verladen haben. Unter insgesamt 1000 tons ist schlecht, über 1000 tons ist gut. Heute sind es 1200 tons. Die Laune des Hans Imhoff für die angesammelten Telefonate ist entsprechend.

Ein Landespolitiker möchte mit ihm über die Kölner Philharmonie sprechen. Imhoff will eine Vorstellung mieten. Der Stollwerck-Chef in Polen meldet, sie seien in Schoko-lade Marktführer des Landes geworden – kann er jetzt einen Mercedes als Dienstwagen haben? Dann der Einkaufschef eines Großkunden aus London.

Schließlich ruft Tochter Annette an. 27 Jahre ist sie alt, hat Wirtschaftswissenschaft in Witten/Herdecke studiert. Sie leitet die Tochterfirma der Imhoff-Holding »Larosé«. Das ist ein Mietservice für Berufskleidung, Hotel- und Kranken-hauswäsche, Firmenhandtücher mit 5 Fabriken und insge-samt 11 Niederlassungen in der Republik mit 1500 Mitar-beitern. »Sie hat den Biß«, sagt der Vater. Die Tochter hat einen neuen Niederlassungsleiter im Auge: »Den brauchst du doch nicht zu sehen?« – »Doch«, sagt der Boß.

Auf dem Konferenztisch ist inzwischen gedeckt. Bei gro-ßen Firmen ist es üblich, Fertig-Essen preisgünstig von Ser-vice-Unternehmen zu beziehen. Die Stollwerck-Kantine aber hat noch immer einen eigenen Chefkoch. »Es gibt Dinge«, sagt der gefürchtete Rationalisierer der deutschen Wirtschaft, »da kann ich nicht sparen.«

Zweimal die Woche ißt er Magerquark mit Früchten. Meine Portion zahlt Stollwerck, seine er selbst. »Wie soll ich von meinen Mitarbeitern Korrektheit erwarten, wenn ich schon beim Quark schludere?«

Für 15.30 Uhr ist ein Gespräch mit Buenos Aires bestellt. Ein geschickter Geschäftspartner hat es durch einen Trick verstanden, Ware für 1,4 Millionen Mark ohne Vorauskasse nach Argentinien verschiffen zu lassen. Dort liegt sie unver-kauft in Kühlhäusern. Unter der Guillotine des näherrük-kenden Verfalldatums will der Mann offensichtlich den zu zahlenden Preis drücken. Zwei Stollwercker sind nach Buenos Aires gejettet, um die Lage zu prüfen – nun erstatten sie Bericht. Drei Minuten hört Imhoff zu. Seine Augen funkeln hinter dicken Brillengläsern wie beim Jagdterrier, wenn er den Dachs ausgräbt. Nur zweimal unterbricht er mit einer Zwischenfrage.

Seine Entscheidung: »Entweder wir erhalten den schon bezahlten Zoll zurück und holen die Ware wieder her. Oder der Mann zahlt sofort für die gesamte Ware eine Million. Da hat er 400 000 Mark unverdient verdient. Mehr Nachlaß bekommt er nicht. Geht beides nicht, schenken wir die Schokolade den Waisenhäusern von Argentinien. Tiefer lasse ich mich nicht pressen. Klar? Das ist eine Order.«

Hans Imhoff erscheint selten als bequemer, oft als siegreicher, immer als fairer Geschäftspartner.

»Ein ungewöhnlich dynamischer, risikobereiter, hellwacher Unternehmer«, schrieb mir Thüringens Ministerpräsident Bernhard Vogel über ihn.

Außenminister Klaus Kinkel faxte mir: »Herr Imhoff hat sich von unten mit Zähigkeit und Mut hochgearbeitet und ein Imperium aufgebaut, dem er zugleich väterlich und unnachgiebig vorsteht.«

Imhoffs Biograph Hans-Josef Joest hatte bereits 1988 weitere Urteile gesammelt.

Bankier Alfred Herrhausen, der später ermordete Chef der Deutschen Bank, meinte über Imhoff: »Er ist ein Energiebündel, Management durch Hingabe. Aber sein Herz ist nie vom rechten Fleck weggerückt.«

Ex-Minister Otto Graf Lambsdorff: »Ein geborener Unternehmer, ein Viertel verrückt.«

Tengelmann-Besitzer Erivan Haub: »Management by doing it yourself.«

Douglas-Chef Jörn M. Kreke: »Er versteht mehr von Rationalisierung und Produktion als sonst irgend jemand in der Branche.«

Der inzwischen verstorbene Konkurrent, der Schokoladen-Fabrikant Peter Ludwig: »Ein rastloser Unternehmer, denen unser Land Wiederaufbau und wirtschaftliche Spitzenstellung verdankt. Er führt sein kapitalistisches Imperium wie einen Mittelstandsbetrieb. Der Boß ist für alles da.«

Auch für den Anstand. Ludwig erinnert sich: »Ein Vertrag, den ich mit ihm hatte, brachte eine für mich ungünstige Konstellation. Ich habe ihn um Hilfe gebeten und er hat sie sofort gewährt, obwohl der Text unserer Abmachung ihn dazu nicht veranlaßt hätte.«

1995 schloß Hans Imhoff einen Vertrag mit der Werbefirma Springer & Jacoby in Hamburg. Schon bald trennten sich die beiden unterschiedlichen Geister wieder vor Gericht. Reinhard Springer aber rief im »Manager Magazin« der gescheiterten Zusammenarbeit nach: »Es gab nie eine langweilige Sitzung... Wenn ich die Wahl hätte, mit wem ich essen gehen darf, würde ich immer Imhoff wählen.«

Nach unserem Magerquark-Essen in Imhoffs Büro an seinem Konferenztisch legt Imhoff eine Pause ein. Ich bin allein vom Zuschauen seines Vormittags erschöpft. Er schlüpft für 45 Minuten in einem Ruhezimmer neben seinem Büro ins Bett. Von Churchill hat er gelernt, sich dafür ganz zu entkleiden. Der Minuten-Schlaf ist die einzige Konzession, die er seinen Jahren gewährt. Dann ist er wieder fit – und regiert, bis sein Fahrer ihn über den Rhein nach

Hause fährt, kaum einen Steinwurf von dem Tatort entfernt wo der Arbeitsgeber-Präsident Hanns-Martin Schleyer entführt wurde.

Aber bevor Hans Imhoff an diesem Tag sein Büro endgültig verließ, hatte er schnell noch die »Trutsy«-Cereals probiert, die im Labor zu Testzwecken mit Milch- und Bitter-Schokolade überzogen worden waren.

Der Schokoladen-König ist noch immer süchtig nach Schokolade.

II
Die Wiedervereinigung

Am späten Nachmittag des 9. November 1989 – es war ein Donnerstag – teilte in Berlins Mohrenstraße das Politbüromitglied Günter Schabowski ungläubigen Reportern mit, daß ab sofort für jedermann Reisen ins Ausland möglich seien.

Kanzler Kohl erhielt die Nachricht in Polen. Im Bundestag, der im Provisorium Wasserwerk tagte, stimmten drei Abgeordnete das Deutschlandlied an, andere fielen ein. Willy Brandt hatte Tränen in den Augen. Doch noch wußte niemand, daß sich die Geschichte diese Nacht für eine ihrer großen Vorstellungen ausgesucht hatte.

Während die Bonner sangen, passierten die ersten Ostberliner zaghaft die mit Blut getränkte Grenze. Bald waren es Dutzende, dann Hunderte, gegen zehn Uhr brachen die Dämme – 200 000 stürmten in die Freiheit.

Sie kamen im Trabi, sie kamen per Rad, sie kamen zu Fuß. Sie kamen vom Essen, sie kamen von der Arbeit, sie kamen im Mantel über dem Pyjama. Sie lachten und sie weinten, sie sangen und sie beteten, sie fielen auf die Knie, trunken vor Freude.

»Guten Abend«, sagte eine von ihnen: »Ich werd' verrückt.« Eine alte Dame ging durch das Brandenburger Tor und streichelte den Stein. Auf der Mauer davor umarmten Fremde Fremde, Deutsche Deutsche. Sektkorken knallten.

»Über Nacht wurde das Unvorstellbare Wirklichkeit«, staunte Richard von Weizsäcker. Es war eine Nacht, auf die ein Volk mit Stolz zurückblicken kann. Ein Viertel der Deutschen hatte die Tyrannei abgeschüttelt; ihre reichen Schwestern und Brüder empfingen sie mit ausgebreiteten Armen.

Für Hohenzollernchef Louis Ferdinand Prinz von Preußen, der an diesem Tag 82 Jahre alt wurde, war es »der schönste Geburtstag meines Lebens«. Und Prinz Claus der Niederlande schrieb mir, als wir eine Sonderausgabe der »Berliner Illustrirten« machten: »Der Fall der Mauer versetzte uns alle in Euphorie.«

Am Wochenende nach dem Mauerfall machten sich drei Millionen Menschen von Deutschland nach Deutschland auf. Westdeutsche bildeten Lichterketten auf Autobahnbrücken, luden Unbekannte in ihr Haus, beschenkten sie mit Nahrung und Kleidung und steckten ihnen zu, was in der Bundesrepublik zum kostbarsten zählte: Geldscheine.

Während die Glocken der Berliner Gedächtniskirche läuteten, falteten Passanten auf der Straße die Hände. US-Botschafter Vernon Walters notierte: »Ich habe noch nie so viele Männer weinen sehen.« Ein lange verschüttetes Gefühl der Zusammengehörigkeit, des Glücks und der Dankbarkeit hatte die Deutschen erfaßt.

»Dear Claus«, erinnerte sich der sonst so kühle 37. US-Präsident Richard Nixon: »Es wird nicht überraschen, daß meine Reaktion überschwenglich war.« Und der 40. US-Präsident Ronald Reagan entsann sich in seinem Brief: »Ich beugte mein Haupt zu einem Gebet des Dankes.«

Hans Imhoff und seine Frau hatten das Ende der Mauer daheim in Köln am Fernseher miterlebt. Stunde um Stunde lief der Apparat. Es wurde ein langer Fernsehabend. Der Konzernherr war bewegt – und hellwach. »Ich ahnte, ich würde mich schnell entscheiden müssen«, erzählt er mir. »Denn abgewandelt galt Gorbatschows Mahnung an Honecker natürlich auch für uns: Wer zu spät kommt, den bestraft der Markt.«

Die Wiedervereinigung brach über die Deutschen herein. Das »Reich des Bösen« versank, der Ostblock zersprang. Ein neuer Markt von über 250 Millionen Menschen tat sich auf. Die Geschichte hatte Hans Imhoff an einen neuen Kreuzweg seiner Geschäfte geführt. Er mußte sich tatsächlich entscheiden.

Er war nun 67 Jahre alt, war einer der vermögenden Deutschen, hatte vier erwachsene Kinder und lebte mit seiner Frau in einem Haus voll moderner Kunst, umgeben von einem 17 000 Quadratmeter großen Park mit alten Bäumen und Teichen.

Er hatte in seinem arbeitsreichen Leben so viel geschaffen und erreicht, wie kaum ein anderer Bürger. Sein Lebenswerk ruhte auf einem Fundament aus Granit.

Es gab in dieser Situation weder für ihn noch für Stollwerck einen Grund oder gar eine Notwendigkeit, sich auf ein neues Abenteuer einzulassen.

Es gab keinen, wie auch immer gearteten Anlaß, ein Wagnis einzugehen, das vielen im Establishment unheimlich war.

Es gab kein Motiv, tief im Rentenalter eine Aufgabe anzupacken, die die Kraft der meisten jungen Männer überfordert hätte.

Es gab keinen Grund. Oder doch?

Hans Imhoff grübelte. Nie war er in seinem Leben einer Herausforderung ausgewichen, die sich ihm stellte, nie hatte er eine Chance bewußt versäumt, die sich ihm bot.

Arbeit war sein Leben, Arbeit um Geld zu verdienen, aber auch Arbeit, um eine Spur auf Erden zu hinterlassen.

Mußte er nicht doch aus dem roten Plüsch von Wohlstand und Erfolg aufbrechen, wenn es möglich schien Neuland zu erobern?

Und dann war da noch etwas: Drei Wochen nach dem Fall der Mauer, am 30. November 1989, detonierte eine Bombe der RAF unter dem gepanzerten Mercedes des Chefs der Deutschen Bank auf dem Weg von Bad Homburg nach Frankfurt.

Alfred Herrhausen hatte vor 17 Jahren Hans Imhoff zu Stollwerck verholfen. Nun war er tot. Der Freund erfuhr von der Ermordung des Freundes morgens gegen halb neun Uhr an seinem Schreibtisch im Büro durch einen Telefonanruf. Imhoff: »Ich dachte, ich sei ihm etwas schuldig.«

Und er begann noch einmal von vorn im befreiten Osten – wie einst nach der Währungsreform im geschlagenen Deutschland.

Die ersten Schritte waren vorgegeben: Noch in den letzten Lebensmonaten der DDR hatten acht der besten Stollwerck-Männer dort ein neues Vertriebsnetz aufgebaut.

Am 1. Juli 1990 wurde die D-Mark im zerfallenden SED-Staat als Währung eingeführt. Die Menschen in der DDR, die sich seit über 40 Jahren nach Schokolade sehnten, konnten plötzlich zwischen Stollwerck, Sprengel und Waldbaur, Eszet und Hildebrand wählen.

Die Fabriken Hildebrand in Berlin und Sprengel in Hannover lagen für die Anlieferung durch Lkw besonders günstig.

Sprengel hatte in den letzten Jahren Verluste gemacht. Die Schließung war beschlossene Sache. Nun wurden dort Sonderschichten gefahren. Die Kapazität wurde gebraucht, den Schokoladen-Hunger der DDR-Bürger zu stillen.

Die Süßwarenproduktion in der Bundesrepublik wuchs im Einheitsjahr 1990 um elf Prozent, die von Stollwerck um das Doppelte – um etwa 22 Prozent.

Doch Hans Imhoff wollte mehr – und der Zufall kam ihm zur Hilfe. Kurz nach dem Fall der Mauer hatte ihn ein Thüringer in Köln-Porz aufgesucht: Harald Stäfe, damals 54, »Lebensmittelingenieur und Betriebsdirektor« der größten Schokoladenfabrik der DDR im thüringischen Saalfeld. Er bot Imhoff das DDR-Werk an.

Imhoff damals: » Ich habe schon Überkapazität. Übernehmen Sie unseren Vertrieb.« Stäfe: »Das löst unsere Probleme nicht.«

So waren sie auseinandergegangen, ohne sich einig zu werden. Aber im nächsten Herbst, noch ehe die DDR im Oktober 1990 der Bundesrepublik beitreten sollte, bat Stäfe auf der Leipziger Messe einen Stollwerck-Repräsentanten noch einmal um einen Termin mit Imhoff.

Zwei Tage später trafen sich die beiden an einem Sonnabend auf halbem Weg zwischen Rhein und Saale wieder. In Gießens erstem Haus am Platze saßen sie einander gegenüber.

Imhoff: »Der Mann gefiel mir mit jeder Minute mehr.« Aber es ging um ein Objekt an dem selbst der mächtige

Stollwerck-Konzern sich überheben konnte – die ehemaligen Mauxion-Werke.

Mauxion war 1855 gegründet worden. Um die Jahrhundertwende besaßen zwei Gebrüder Mauxion eine Confiserie in Berlins Friedrichstraße. 1901 entdeckte einer von ihnen auf Wanderschaft in Thüringen die Neumühle bei Saalfeld – ein idealer Platz für eine Schokoladenfabrik. Denn die Wasserkraft der im engen Tal schnell dahinströmenden Saale garantierte kostenlose Energie, und die bis in den Fluß hinabsteigenden rötlichen Felsen waren wie geschaffen, um kühle Lagerkeller für Schokolade in sich aufzunehmen. Das Werk entstand.

1911 kaufte der Prokurist und Buchhalter Dr. Hüther den Brüdern alle Anteile ab und entwickelte Mauxion zu einer der führenden Schokoladenmarken Deutschlands. Bei Kriegsausbruch gehörte ihm halb Saalfeld; er beschäftigte 1500 Arbeiter und Angestellte. 1944 starb Hüther. Seine Erben wurden nach der deutschen Kapitulation von den Sowjets enteignet.

Im »Regierungsblatt für die Provinz Thüringen« vom 16. Juli 1945 stand in der »Polizeiverordnung über die Beschlagnahme des Vermögens ehemaliger Mitglieder der NSDAP« auf Platz 6 der »Gauleiter Fritz Sauckel, Weimar«, auf Platz 1 aber die »Firma Schokoladenfabrik Mauxion«!

In dem Werk an der Saale, in dem vor Kriegsende nach Einstellung der Schokoladenproduktion noch BMW-Flugzeugmotoren für die Wehrmacht gebaut worden waren, wurden nun Kartoffeln getrocknet, Schnaps abgefüllt und Kunsthonig hergestellt.

In den 50er Jahren brachte Saalfeld eine »Vitalade« als

Schokoladen-Ersatz heraus, die mit Pflanzenfett statt Kakaobutter hergestellt war. Anfang der 60er Jahre wurde eine erste kleine Produktionsanlage montiert.

»Mauxion« hieß nun »Rotstern«. Und als Willy Brandt im März 1970 als erster westdeutscher Kanzler mit einem DDR-Regierungschef in Erfurt zusammentraf, lagen »Rotstern«-Pralinen in seinem Zimmer 249 im zweiten Stock des »Erfurter Hofes«.

Ein Vierteljahrhundert dümpelte das Werk in der DDR-Mißwirtschaft dahin. Dann schloß die DDR ein Tauschgeschäft mit dem kommunistischen Ghana ab: Die DDR baute den Afrikanern Straßen, Ghana lieferte den Deutschen dafür Kakao.

Um ihn zu verarbeiten, wurde in der alten Mauxion-Fabrik 1985 die damals größte Tafelschokoladen-Anlage Deutschlands aufgebaut, die von der westdeutschen Firma Winkler & Dünnebier erworben worden war.

1988 installierte die Schweizer Firma Bühler außerdem eine neue Schokoladenmasseanlage genau jenes Typs, der auch im Stollwerck-Betrieb Hildebrand in Berlin stand.

Saalfeld wurde mit zwei kleineren Werken in Erfurt und Pössneck zum »Thüringer Schokolade-Werk« (TSW) zusammengeschlossen, das 95 Prozent aller Tafelschokolade der DDR produzierte und 1660 Mann beschäftigte.

Nur ein Jahr später fiel die Mauer. Saalfeld hatte keine Chance gegen die Importkonkurrenz aus dem Westen. Die Ossi-Verbraucher wollten Wessi-Ware. Nachdem Betriebsleiter Stäfe sich bei seiner ersten Begegnung in Köln mit Hans Imhoff nicht hatte einig werden können, nabelte er die beiden kleineren Werke in Pössneck und Erfurt von

Saalfeld ab und ging im März 1990 eine Kooperation mit
»Ritter-Sport« ein. Er übernahm deren Vertrieb in der nach
wie vor bestehenden DDR und gemeinsam stellten beide in
Saalfeld eine neue Schokoladenmarke her: »Thürina«.

Doch schneller als erwartet, schon im Juli 1990, wurde die
D-Mark Währung der DDR. Damit war auch »Thürina«
nicht mehr zu verkaufen. Die westdeutschen Handelsketten
marschierten mit ihren Produkten ein und machten die
DDR-Produzenten platt.

Im nächsten Monat, im August, reiste Harald Stäfe zu einer
Beiratssitzung von »Ritter-Sport«: Die Kooperation wurde
aufgelöst, »Thürina« eingestellt. In Saalfeld waren nun nur
noch 326 Leute beschäftigt – bis auf 15 alle in Kurzarbeit. Fi-
nanzielle Reserven gab es nicht. Das Ende schien nah.

In dieser Stuation – immer noch zu DDR-Zeiten – kam es
im September 1990 zum zweiten Treffen von Harald Stäfe
mit Hans Imhoff in Gießen. Und es geschah, was kein ange-
stellter Manager hätte tun können. Ohne das Werk je gesehen zu haben, besiegelte Hans Imhoff mit Handschlag die
Übernahme: »Das machen wir.«

Von diesem Augenblick an hielt er – obgleich noch nicht
Eigentümer – Saalfeld mit Lohnaufträgen über Wasser. In
drei Schichten wurde dort nun auf den gleichen Maschinen
wie bei Hildebrand in Berlin Tafelschokolade für Stollwerck
hergestellt.

Von diesem Augenblick an wurde niemand mehr in Saalfeld entlassen. Im Gegenteil: Immer mehr wurden neu eingestellt.

Kommunikation war das sperrigste Hindernis der neuen
Verbindung. Saalfeld kannte noch kein Fax, Köln keinen

Fernschreiber mehr. Die maroden Telefonverbindungen der DDR brachen ständig zusammen. Wenn sie Glück hatten, konnten Imhoff und Stäfe nachts zwischen eins und zwei etwas länger miteinander sprechen.

Der Satellit »Kopernikus« brachte Rettung. In Köln und Saalfeld wurden zwei Schüsseln aufgebaut und Daten oder Gespräche vom Rhein an die Saale fortan durch das Weltall übermittelt.

Im Oktober trat die DDR der Bundesrepublik bei. Imhoff verhandelte mit der Treuhand über den Kauf von Saalfeld. Er setzte im Vertrag eine einmalige Klausel durch: Er gab keine Beschäftigungsgarantie ab, sondern verpflichtete sich, Saalfeld jährlich Ware für 280 Millionen Mark abzunehmen. Am 21. Dezember wurde der Vertrag unterschrieben. Ab 1. Januar 1991 gehörte Imhoff das »Thüringer Schokoladewerk« mit einer Produktionsfläche von 26 000 Quadratmetern auf elf Hektar Land an der Saale.

Imhoff machte den alten Chef Harald Stäfe zum neuen Chef. »Eine Top-Führungskraft«, sagt er, »die nur das Pech hatte, im anderen Teil Deutschlands zu leben.« Im Casino von Köln-Porz stellte er Stäfe den leitenden Stollwerck-Mitarbeitern vor: Er erwarte, daß jeder einzelne von ihnen alles in seiner Macht stehende daransetzen werde, um Saalfeld zu helfen, erklärte er. Und er wolle dabei niemals eine einzige Wessi-Besserwisserei in Saalfeld hören.

Als Imhoff seinerseits zur ersten Betriebsversammlung nach Thüringen reiste, so entsinnt er sich, »bekam ich von der tief verunsicherten Belegschaft kaum einen Höflichkeitsapplaus, während im Westen der Saal meistens brummt«. Aber es störte ihn nicht. Er setzte auf die Zukunft

– und zahlte vom ersten Tag freiwillig mehr Lohn als den Tariflohn.

Der Freistaat Thüringen mit seinen 2,5 Millionen Einwohnern bildet die Mitte der Bundesrepublik; seine Hauptstadt Erfurt liegt westlicher als München. Es ist die Heimat der deutschen Klassik und der Wartburg, auf der Luther ein Tintenfaß nach dem Teufel geschleudert haben soll. Es ist das Herz Deutschlands, in dem Weimar und Buchenwald direkt nebeneinander existieren – Stätten der Dichter und der Henker. Und es ist arm.

Zu den größten Investoren aus dem Westen gehörten außer Imhoff nach der Einheit Opel und Otto-Versand, REWE, Deutsche Bank und Coca-Cola. Dennoch würgte Arbeitslosigkeit das Land. Anfang 1997 betrug sie 19 Prozent. Auch Saalfeld (34 000 Einwohner) war schwer betroffen.

Ganz in der Nähe der Stadt waren zu DDR-Zeiten in der Maxhütte über 6000 Menschen sinnlos und unrentabel damit beschäftigt, Eisenerz aus Sibirien zu verarbeiten. Heute liegt die Hütte still, wie so mancher andere, nichtkonkurrenzfähige Betrieb der Gegend. Die Menschen waren ohne Arbeit. Die Schokoladenfabrik am Ufer der Saale wurde Symbol der Hoffnung für eine ganze Region.

»Herz und Lunge sind gesund«, hatte Imhoff nach einer ersten Besichtigung über Saalfelds brandneue Tafel- und Masse-Anlagen aus dem Westen geurteilt: »Alles andere ist Schrott.« Gemeinsam mit Stäfe räumte er die Fabrik aus und baute sie von Grund auf neu.

Ein Schornstein stand (und fiel) für das, was sie taten. Einst war der 86 Meter hohe Schornstein des Werkes der höchste, wenn auch baufällige Schornstein Saalfelds gewesen. Sein

Qualm verpestete die Luft. 30 Heizer verfeuerten unter ihm im Winter täglich in drei Schichten 200 Tonnen Braunkohle, deren Asche mit Lastwagen zu einer 18 Kilometer entfernten Deponie transportiert werden mußte.

Der Schornstein wurde abgetragen und eine fünfeinhalb Kilometer lange Leitung für sauberes Erdgas aus Bayern verlegt. Das Heizungshaus mit seinen monströsen Braunkohlekesseln blieb nur als Museum erhalten. Auf dem ehemaligen Schornsteinfundament erhebt sich heute ein blinkender Zuckersilo aus Metall mit vier Metern Durchmesser und 25 Metern Höhe, der in einem Stück von der Zeppelinwerft am Bodensee nach Saalfeld transportiert wurde. Der Himmel über der Saale ist wieder blau. Und bei fast verdoppelter Produktion wurde der Energieverbrauch halbiert.

Die notwendigen Mittel für die beträchtlichen Investitionen in Saalfeld stammten vom Stollwerck-Konzern, aus den Fördermitteln des Bundes für den »Aufbau Ost« und aus dem 1992 von Imhoff aufgelegten Industriefonds »Thüringer Schokoladewerk«, der voll gezeichnet wurde und 84 Millionen bares Geld brachte.

Imhoff: »Wir hatten plötzlich langfristig und unkündbar einen Batzen Geld, zu vernünftigen und festen Konditionen.«

Und weiter: »Es würde mich freuen, wenn der Industriefonds als Modell der Aktivierung privaten Anlagekapitals für den Wiederaufbau Ostdeutschlands dienen würde.«

Modell des Aufbaus war Saalfeld bereits nach zwei Jahren:

– Schon 1992 bestritt das Werk Saalfeld 84 Prozent der gesamten Schokoladenherstellung in den neuen Bundesländern.

41

– Die Zahl der Vollbeschäftigten erhöhte sich von einstmals 15 auf über 600 Menschen. Die Löhne lagen von Anbeginn mindestens vier bis fünf Prozent über Tarif.

Und Hans Imhoff stiftete der Stadt Saalfeld außerdem noch eine Million Mark. »Mehr Imhoffs!«, forderte die regionale Zeitung »OTZ«. Auf Vorschlag des Bürgermeisters von Saalfeld, Richard Beetz, beschloß die Stadtverordnetenversammlung mit 15 gegen sechs Stimmen bei vier Enthaltungen 1992 Hans Imhoff zum Ehrenbürger zu ernennen. Im Rathaus trug er sich in das Goldene Buch ein. Ein »Wessi« war erster Ehrenbürger der »Ossi«-Stadt nach der Einheit.

In der Begründung der Stadt hieß es: »Es wird eingeschätzt, daß ohne einen Dr. Hans Imhoff in Saalfeld keine Schokoladen-Industrie mehr existent wäre ...«

Thüringens CDU-Ministerpräsident Bernhard Vogel, ein Bruder des ehemaligen SPD-Vorsitzenden Hans-Jochen Vogel, ließ es sich nicht nehmen, 1992 zur Einweihung des neuen Werkes nach Saalfeld zu kommen.

Vogel ist der erste Deutsche, der als Landesvater zwei deutsche Bundesländer regiert hat. Er war einst wie Helmut Kohl Ministerpräsident jenes Landes gewesen, in dem nach dem Krieg auch Imhoffs Karriere begonnen hatte – in Rheinland-Pfalz.

»Wir waren noch nicht annähernd mit unseren Umbauten fertig«, erinnert sich Hans Imhoff an Vogels Besuch: »Aber Gott sei Dank waren alle Toiletten von Grund auf und auf das feinste renoviert. Denn was war die erste Bitte des Herrn Ministerpräsidenten? Er mußte mal austreten.«

Imhoff zeigte dem Ministerpräsidenten das neue Werk. Zusammen marschierten sie durch die Fabrik. Selbstbewußtsein erfüllte die Belegschaft bei der Feierstunde auf dem Werkshof.

Hans Imhoff, so sagte Bernhard Vogel dort, zähle »zu den Unternehmern, die die Zeichen der Zeit erkannt haben.« Er bringe das, was die jungen Länder am meisten brauchten: »Zukunftssichere Arbeitsplätze.«

In einem Brief schrieb mir Thüringens Landesvater über meinen Nachbarn auf Sylt:

»Lieber Herr Jacobi, wenn Sie mir den Namen ›Hans Imhoff‹ nennen, dann fällt mir ein Unternehmer ein, der sich frühzeitig und sehr erfolgreich auch bei uns in Thüringen engagiert hat. Er will Arbeit in Deutschland halten und Arbeitsplätze in Deutschland sichern und nimmt dafür gelegentlich, wenn notwendig, Konflikte in Kauf.«

Drei Jahre nach Vogels Besuch in Saalfeld entbrannte einer dieser Konflikte, jäh und unerwartet. Die Gewerkschaft Nahrung-Genuß-Gaststätten – offenbar motiviert durch Funktionäre aus Westdeutschland – brach 1995 in den neuen Bundesländern einen Tarifkonflikt der Süßwarenindustrie vom Zaun. Sie forderte eine schnellere Angleichung der Ost-Löhne an die West-Löhne. Die Arbeitgeber lehnten einen vorgezogenenen Stufenplan ab. Die Gewerkschaft veranstaltete eine Urabstimmung. Und plötzlich zogen eines Morgens Streikposten vor der größten Schokoladenfabrik der neuen Bundesländer auf – vor Stollwerck in Saalfeld.

Die Euphorie der Einheit war verflogen. Wenn Ossis etwas von Wessis gelernt hatten, dann war es Selbstsucht und Geldgier. Der Ausstand nahm sofort häßliche Formen an:

43

Geschäftsführer Harald Stäfe wurde beim Betreten der Fabrik physisch bedroht. Es wurde versucht, das Imhoff-Stollwerck-Museum in Köln zu besetzen. Ein niederländischer Lastwagen, der in Saalfeld verderbliche Ware für 100 000 Mark abholen sollte, wurde abgeblockt. Stollwerck erwirkte eine Einstweilige Verfügung.

14 Tage dauerte der Arbeitskampf. 14 Tage konnte Harald Stäfe das Werk nur unter Polizeischutz betreten und nur unter Polizeischutz Lkw abfahren lassen.

Dann knickten die Arbeitgeber ein. Sie sagten eine Angleichung der Ost-Löhne, die heute 86 Prozent der durchschnittlichen West-Löhne betragen, bis 1999 zu. Vielleicht wird Stollwerck es verkraften können. Für kleinere Betriebe mag es das »Aus« bedeuten.

Der aggressive Arbeitskampf hat, so sagt Harald Stäfe, »Narben hinterlassen«. Er traf auch Hans Imhoff. Er hatte vermutlich mehr für die ostdeutsche Süßwarenindustrie getan als jeder andere Bundesbürger, hatte neue Arbeitsplätze geschaffen und über Tarif gelöhnt.

Dafür erwartete er nach den Erfahrungen eines langen Unternehmerlebens keinen überschwenglichen Dank. Aber er hatte auf Zusammenarbeit und Gemeinsamkeit gehofft, wie er sie von Stollwerck gewohnt war. Mehr als anderthalb Jahre mied er das Werk an der Saale.

Imhoff: »Ich habe stets mit meinen Leuten an einem Strang gezogen und meine Leute mit mir und wir sind beide dabei nie schlecht gefahren.«

Der Meinung scheinen inzwischen auch die Saalfelder. Unter den Gratulationen zu seinem 75. Geburtstag im März 1997 von Kanzler Kohl bis SPD-Politiker Scharping ist ein

Brief, der Hans Imhoff erfreute: Es sind die Glückwünsche »der gesamten Belegschaft der Thüringer Schokoladewerke«. In ihrem Brief heißt es: »Wir wissen zu genau, daß es ohne einen Dr. Imhoff keine Schokoladenfabrik in Saalfeld mehr gäbe. Dafür ein großes Dankeschön.«

Insgesamt hat Imhoff bis heute 240 Millionen Mark in das Werk investiert. Das Ergebnis: Es entstand eine der modernsten Schokoladenfabriken Europas, ein Stück der »blühenden Landschaften«, die Kanzler Kohl den DDR-Bürgern versprach, ein kleines Wirtschaftswunder Ost.

Von allen Werken des Stollwerck-Konzerns produziert heute Saalfeld nach Hildebrand in Berlin die meiste Schokolade – 40 000 Tonnen im Jahr.

Der Weg dorthin, wo der Thüringer Wald beginnt, führt mich über neue Straßen. An den Tankstellen stehen Laster wie Büffel am Wasserloch. An der stillgelegten Maxhütte vorbei geht es durch Baustellen und Umleitungen bis an die Ufer der Saale oberhalb der Stadt. Hell sind ihre Strände nicht, lehmig braun gurgeln die Fluten elbwärts.

Im zweiten Stock des alten Fachwerk-Verwaltungsgebäudes kündet ein handgeschriebenes Schild neben einer Tür: »Harald Stäfe, Geschäftsführer.« Dahinter Sekretariat und Büro mit moderner Technik und alten massiven Möbeln, nichts von Statussymbolen und Aufwand, wie westdeutsche Manager sie lieben. Zum Mittag gibt's belegte Brötchen.

Harald Stäfe ist ein ruhiger, imponierender Mann. Er hat Ferne im Blick. Von Natur scheint er geschaffen, Menschen zu führen und Verantwortung für andere zu tragen. Er spricht freundlich, bestimmt und leise, so als ob die Stasi noch nebenan säße. Er spricht nie von sich, nur von der Fabrik.

Wird die Wasserkraft der Saale noch genutzt, die Anfang des Jahrhunderts die Brüder Mauxion anzog? Ja, erzählt er, ein Teil des Flusses werde unter dem Werk durchgeleitet und treibe noch immer eine Turbine von 1921. »Sie bringt in einem Jahr Strom für 250 000 Mark.« Auch die Lagerstollen, die einst für die leicht verderbliche Ware in den Fels getrieben wurden, existieren noch. Und der Rest? Der Rest ist neu. Ich muß einen weißen Kittel überziehen, ehe Harald Stäfe ihn mir zeigt.

Heute werden in Saalfeld 284 verschiedene Artikel hergestellt, mehr als in jeder anderen Stollwerck-Fabrik, darunter fünf Tonnen Katzenzungen in einer Schicht (die Konkurrenz schafft eine). Zu Weihnachten lieferte das Werk zehn Millionen gefüllte Adventskalender. Zwölf Verpackungsmaschinen für je eine Viertelmillion Mark stellen nahezu jede gewünschte Schokoladen- oder Pralinenmischung zusammen. Mehr als 1000 Tafeln Schokolade werden in einer Minute verpackt. Zu stark geröstete Nüsse werden im freien Fall von Computern ausgemacht und zwischen ihren Artgenossen herausgeschossen.

In jedem Stockwerk ein neuer Superlativ, in jedem Saal neue Maschinen, in jedem Raum Computerbildschirme. Aber ganz wenige Menschen, meistens Frauen in weißem Dreß. Sie kontrollieren nur noch, was die Maschinen fabrizieren. »Ein wunderbarer Tag«, sagt mir eine von ihnen.

Wir gehen hinüber in das an die Fabrik angrenzende Hochregallager. In nur einem Jahr wurde es erbaut. 35 Millionen Mark hat es gekostet. Vollautomatisiert und vollklimatisiert ist es ein Technikmonument der Branche: 18 Stollwerck-Stockwerke mit 23 000 Lagerplätzen (Paletten). In ihnen wird die Produktion bis zu ihrer Auslieferung aufbewahrt.

Roboter fahren durch den menschenleeren Bau, um auszuführen, was ihnen Computer eingegeben haben, sei es Ware einzulagern, sei es Sendungen für eine Auslieferungstour der Lkw zusammenzustellen. Dafür wählen die Maschinen das befohlene Stockwerk in einer befohlenen Gasse und halten vor der befohlenen Palette. Dort ziehen sie aus den gestapelten Waren die befohlene Menge – und nehmen dabei stets jene Packungen, die das früheste Verfallsdatum tragen.

Vorsichtig rollen sie mit ihrer Beute zurück und setzen sie auf einem Fließband ab, je nachdem, viele oder wenige Kartons mit Schokoladentafeln oder Pralinen, Trüffeln oder Katzenzungen. Und noch ehe die Kartons das Ende des Bandes vor den wartenden Lkw erreichen, haben Computer ihnen Lieferscheine und Rechnung ausgedruckt und anheften lassen.

Fasziniert starre ich auf die Hektik in der nur spärlich beleuchteten Halle. Roboter und Computer brauchen kein Licht. Sie können im Dunkeln arbeiten. Es ist nicht leicht, sich von dem Anblick der schönen neuen Welt zu trennen. »Kann ich«, frage ich Harald Stäfe, »nun vielleicht auch noch den Mann mit seinem Computer sehen, der diesen Robotern die Befehle gibt?«

Er lacht. »Das ist das einzige, was ich Ihnen nicht zeigen kann. Die Sendungen für die Touren der Lkw werden von unserem Vertrieb zusammengestellt – und der sitzt in Köln.«

Die Roboter in Saalfeld erledigen in Sekundenschnelle, was ihnen aus 400 Kilometer Entfernung befohlen wird. Triumph und Kreuz der neuen Länder – in Saalfeld sind sie überdimensional verdichtet: Rekordproduktion mit wenigen Menschen, immer höhere Arbeitsleistung ohne viele neue Arbeitsplätze. Vorsprung durch Technik, eine süße Last.

Wir kehren zum Verwaltungsgebäude zurück. Der davorliegende Hof wird an einer Seite von einem Gebäude mit fünf Fenstern begrenzt. Unter jedem von ihnen ist ein Wappen angebracht, das eine Station der dramatischen Geschichte des Werkes zeigt: »Mauxion«, »Rotstern«, »TSW«, »Thürina« und »Stollwerck«. Ein sechstes Fenster mit Platz für ein sechstes Wappen gibt es nicht. »Und das ist gut so«, sagt Harald Stäfe: »Von meinen 37 Berufsjahren waren die letzten sechs die besten.«

Nun hat er doch noch einen Satz über sich gesagt.

III
Der Osten

Im April 1991, kein halbes Jahr nach der deutschen Wiedervereinigung, besuchte Stollwerck-Manager Fredrick A. Rothhaar Budapest, die Hauptstadt Ungarns, das genau wie die DDR die kommunistische Diktatur abgeschüttelt hatte.

Rothhaar war und ist seit 1988 Chef der Schweizer Stollwerck-Tochter »Chocolat Alprose« in Caslano bei Lugano, die jährlich 16 000 Tonnen Schokolade herstellt. Er gehört zu den engsten Mitarbeitern von Hans Imhoff und ist ihm besonders ergeben. »Dr. Imhoff hat mir das Leben gerettet«, sagt er.

Eine tückische Krankheit hatte Rothhaar 1995 an einem Wochenende im Tessin befallen. Sie war nicht zu diagnostizieren. Auch Antibiotika konnten sein hohes Fieber nicht senken. Da schickte Imhoff ihm ein Flugzeug nach Lugano und ließ den Patienten zu seinem Freund Professor Wilhelm Krone in Köln bringen. Der Ordinarius an der Universität erkannte, behandelte und kurierte das seltene Leiden vollständig. Rothhaar: »Dr. Imhoff bezahlte alles.«

Die ersten Zeilen von Schillers »Reiterlied«, die Imhoff ihm später einmal zur Ermutigung faxte, trug Rothhaar solange bei sich, bis das gefaltete Papier zerfiel. Da schrieb er die Worte in seinen Paß, wo sie noch heute stehen:

51

»Wohlauf, Kameraden, aufs Pferd, aufs Pferd!
Ins Feld, in die Freiheit gezogen!
Im Felde, da ist der Mann noch was wert,
da wird das Herz noch gewogen,
da tritt kein anderer für ihn ein,
auf sich selber steht er da ganz allein.«

Nach Budapest war er nun im April 1991 gezogen, um zu sehen, ob er den befreiten Ungarn seine Marke »Alprose« schmackhaft machen könne.

Enttäuschung erwartete ihn. Da die Ungarn unter Devisenmangel litten, wurden von ihnen alle Importe kontingentiert. Auf die Kontingente erhoben sie dann auch noch einen Importzoll von 37 Prozent. Damit war ein Absatz von »Alprose« in dem Land praktisch ausgeschlossen.

Unzufrieden flog der dynamische Stollwerck-Manager mit den kurzgeschnittenen Haaren zurück an den Luganer See. Doch wenige Tage später, noch im April 1991, erreichte ihn dort die Nachricht aus Budapest, Ungarns staatlicher Süßwarenkonzern BÉV sei auf dem Markt.

Rothhaar, der am 1. Mai Urlaub in Fuerteventura gebucht hatte, unterrichtete sofort Konzernchef Hans Imhoff in Köln. »Während Sie sich in der Sonne aalen«, faxte Imhoff zurück, »muß ich nach Ungarn fahren und mir vier Fabriken ansehen. Ich hätte Sie gern dabei gehabt. Schade.«

Hans Imhoff flog nach Budapest. Zähe Verhandlungen begannen. Im Dezember jenes Jahres wurde der Staatskonzern in eine GmbH mit Namen »Quintie« umgewandelt, die von der ungarischen Treuhand durch eine Ausschreibung privatisiert werden sollte.

Zu »Quintie« gehörten außer einem großen Verwaltungsgebäude mitten in der Hauptstadt vier Fabriken, deren Bau-
substanz sich in gutem Zustand befand:

- Bucsok,
- Duna,
- Csemege,
- Zamat (Kaffee und Gebäck).

Imhoff mußte abwägen: Einerseits hatte er sich gerade erst
das Thüringische Schokolade-Werk in Saalfeld aufgeladen,
andererseits war der Osten im Gegensatz zum gesättigten
Westen ein echter Wachstumsmarkt.

Wollte Stollwerck seinen Absatz im Westen erhöhen, so
war das nur durch einen Verdrängungswettbewerb möglich
– über Werbung und über den Preis. Das kostete in jedem
Fall viel Geld.

Ein Hindernis freilich gab es auch im Osten. Seine Länder
hatten bereits hohe Zollschranken errichtet (oder waren dabei es zu tun), um die heimische Industrie vor Westimpor-
ten zu schützen. Wer dort also wirklich den Markt zu erobern suchte, mußte im Land produzieren.

Hans Imhoff: »Das ist das Ziel dieser Staaten, aber das ist
aus deren Sicht auch legitim.« Er entschloß sich auf »Quintie« zu bieten.

Zunächst hatte er neun Mitbewerber, unter ihnen Nestlé,
Pepsi-Cola und Jacobs Suchard. Am Schluß waren nur noch
Stollwerck und Pepsi übrig. Und in der ersten Hälfte 1992
erteilte Ungarns Treuhand Stollwerck den Zuschlag.

Zur Feier des Vertragsabschlusses lud Hans Imhoff Treu-
handchef Csepi und andere Träger von Würde und Wich-

tigkeit zum Dinner am 18. Juni in das eleganteste Restaurant von Budapest »Gundel«. Allein: Es hatte im letzten Moment Unstimmigkeiten gegeben. Als sich die Festgesellschaft an der Festtafel niederließ, war der Vertrag, den sie mit Tokajer feiern wollte, noch gar nicht unterzeichnet. Imhoff: »Sehr geschmeckt hat es mir an jenem Abend nicht.« Aber geklappt hat es dann doch. Am 1. Juli 1992 gehörte »Quintie« Stollwerck.

Stollwercks ungarische Verbindung hatte Tradition. Schon 1896 war mit 300 000 Mark Kapital die »K. K. Österreichisch-Ungarische Hof- und Chocoladenfabrik Gebr. Stollwerck« in Preßburg errichtet worden. Das Werk versorgte die ganze Doppelmonarchie. Der Ausgang des Krieges trennte Preßburg von Ungarn. Deshalb wurde 1924 eine eigene Fabrik in Budapest gebaut, die aber in der Wirtschaftskrise der dreißiger Jahre erst stillgelegt, später abgebrochen werden mußte. Anfang der vierziger Jahre wurde Stollwerck in der Ära von Hitler und Horthy noch einmal Marktführer im Land. Doch bei Kriegsende war alles vom Abgrund der Geschichte verschlungen. Die Kommunisten mißbrauchten ohne Erlaubnis den Namen Stollwerck noch ein paar Jahre für »Stolli-Kamellen«. Dann war auch das vorbei.

Nun, 1992, war die erste Seite eines neuen ungarischen Stollwerck-Kapitels aufgeschlagen. Zwei Wochen nach dem Kauf rief Hans Imhoff bei Fredrick Rothhaar in Lugano an, brachte das Gespräch auf die Personalsituation in Budapest und sagte: »Schade, daß Sie keinen Bruder haben, der noch ein bißchen besser ist als Sie.«

Rothhaar verstand den Wink mit dem Telefonhörer, packte

seinen Koffer, lernte Ungarisch und ist seither Stollwerck-Geschäftsführer in der Schweiz und in Ungarn. An seine Seite stellte Imhoff als ungarischen Geschäftsführer den alten »Quintie«-Chef, Dr. László Zentai. »Ohne Dr. Zentai«, sagt Rothhaar, »hätten wir es in Ungarn nie geschafft.«

Nach einer ersten Bestandsaufnahme durch die beiden stieß im Herbst Imhoffs Stellvertreter im Stollwerck-Aufsichtsrat, Dr. Hans Rolf, zu ihnen, ein herausragender Jurist. Er hatte schon die von Imhoff eingefädelte Vertragsverhandlung mit der ungarischen Treuhand alleinverantwortlich geführt und erfolgreich abgeschlossen. Nun galt es ein neues Geschäft in trockene Tücher zu bringen.

Morgens saß das Stollwerck-Trio in Budapest einer Delegation von Suchard gegenüber, mittags einer Delegation von Nestlé. Im November war der Deal perfekt. Zwei der eben gekauften vier Fabriken wurden wieder verkauft:

– Nestlé übernahm die Fabrik Zamat, die Kaffee und Gebäck produzierte;
– Suchard übernahm die Fabrik Csemege, mit der sie bereits einen Kooperationsvertrag hatte.

Eine Besonderheit zeichnete das Geschäft nach Stollwerck-Angaben aus: Imhoff, der ein halbes Jahr zuvor für alle vier Fabriken etwas über 50 Millionen Mark bezahlt hatte, erhielt nun für nur zwei Fabriken erheblich mehr – vordergründig ein gutes Geschäft.

Indes: Trotz des vielversprechenden Auftaktes erwies sich die Operation an der schönen blauen Donau als beschwerlich. Rothhaars Weg ähnelte dem des »Kaiser Rotbart«: »Viel Steine gab's und wenig Brot.« Die Altlasten erwiesen sich als beträchtlich. Stollwerck hatte nicht nur die Kredite von »Quintie« übernommen, sondern außerdem auch die Belegschaft. Und die war nach kommunistischem Muster hoffnungslos überbesetzt.

In jedem der vier Werke arbeiteten 800 Menschen und in der Hauptverwaltung noch einmal 200. Zusammen 3400, die alle gemeinsam nicht einmal halb soviel produzierten, wie 500 Männer und Frauen im Berliner Stollwerck-Betrieb Hildebrand.

Jede der vier Fabriken von »Quintie« hatte ihren eigenen Einkauf, ihr eigenes Labor und ihre eigene Personalabteilung. Und alles existierte noch ein fünftes Mal in der Hauptverwaltung.

Schon 1993 wurde diese Belegschaft erheblich reduziert. Stollwerck schloß das unrentable Werk Duna und konzentrierte sich auf Bucsok im Zentrum von Budapest, die größte der vier ehemaligen »Quintie«-Fabriken

Ungarns Wirtschaft entwickelte sich nicht annähernd so stürmisch, wie der Westen vermutet hatte. Inflation suchte das Land heim. Mit dem Abzug der Russen zog auch ihre Kaufkraft ab. Arbeitslosigkeit breitete sich aus.

1994, als die Perspektiven eher grau als rosig waren, legte Hans Imhoff dennoch im November in Székesfehérvár, 60 Kilometer außerhalb von Budapest den Grundstein für eine neue Gebäckfabrik. Denn die Kapazität einer angemieteten Gebäckproduktion in der Nestlé-Fabrik Zamat konnte nicht erweitert werden und außerdem wollte er seinem Gebäckgeschäftspartner Delacre in Deutschland gern zeigen, daß die Stollwerck-Gruppe auch selbst Qualitätsgebäck herstellen konnte.

So entstand auf freiem Gelände für 38 Millionen Mark ein neues Werk mit einer Kapazität von rund 15 000 Tonnen im Jahr.

Ungarns Staatspräsident Arpád Göncz weihte es nach nicht einmal einjähriger Bauzeit ein und überreichte Hans Imhoff das Offizierskreuz des Verdienstordens der Ungarischen Republik. Die Stadt Székesfehérvár machte den Kölner – genau wie das thüringische Saalfeld – zu ihrem Ehrenbürger. »Was kann man Besseres tun, als eine Fabrik zu bauen, in einem so wunderschönen Land wie Ungarn«, meinte der Geehrte.

Von nun an ging's bergauf. Hatte Stollwerck in Ungarn 1994 und 1995 noch jeweils zehn Millionen DM Betriebsverlust hinnehmen müssen, so schrieb man 1996 eine »rote Null« und für 1997 ist ein Gewinn von etlichen Millionen Mark budgetiert. »Insgesamt wird ein Cash-flow von ca. zwölf Millionen Mark erwartet«, sagt Imhoff, »und dieses Budget wird erfüllt.«

Die Handelsstrukturen des Landes haben sich gründlich geändert. Aus einem Verteilermarkt ist ein Käufermarkt geworden. Stollwerck steht in hartem Wettbewerb zu anderen Weltmarken wie Nestlé oder Suchard. Notwendige Werbung im Fernsehen und auf Plakaten verschlingt erhebliche Mittel.

Insgesamt hat Hans Imhoff bis heute 92 Millionen Mark in Ungarn investiert. Das Resultat: Stollwerck ist in Ungarn Marktführer für Schokolade und Nr. 2 beim Gebäck. 1997 wird es seine Produktion auf rund 34 000 Tonnen steigern und über 150 Millionen Mark Umsatz machen.

Als Geschäftsführer Rothhaar in einer der wirtschaftlich

schwierigen Zeiten seinen alten Daimler abschaffte und sich einen sparsamen Ford Mondeo zulegte, protestierte die ungarische Betriebsratsvorsitzende: »Sie brauchen einen Mercedes. Was sollen sonst die Kunden denken.«

Dazu Imhoff: »Mit dieser fröhlichen Denke kann man natürlich kein Unternehmen auf die Dauer rentabel führen. Inzwischen haben die Ungarn das auch gelernt und akzeptiert.« Es blieb beim Mondeo.

Hans Imhoff hatte inzwischen noch größere Märkte im Visier: Polen mit 38 Millionen Einwohnern und Rußland mit 150 Millionen.

Ein junger polnischer Kaufmann, Thomasz Otomanski, Jahrgang 1961, hatte nach dem Studium in Augsburg die Firma Gato GmbH gegründet, die vornehmlich Geschäfte zwischen Deutschland und Polen betrieb. Er begann 1990 Stollwerck-Schokolade in seine Heimat zu importieren; die erste Zahlung dafür nahm er von seinem Kunden noch in bar in einer Plastiktüte entgegen.

In Stollwercks Exportprogramm gab es seit Jahren ein Mauerblümchen namens »Alpengold«. Sie wurde von Otomanskis Gato in Polen verkauft – und erwies sich als Renner. »Das Preis-Leistungsverhältnis stimmte genau«, sagt er. »Alpengold« war gut und billig. Im ersten Jahr setzte er über 1000 Tonnen ab, unter nicht immer einfachen Bedingungen der polnischen Wirtschaft.

1991 wurden an der deutsch-polnischen Grenze Stollwerck-Lkw mit Schokolade vom Zoll beschlagnahmt, weil irgendein Stempel fehlte. Da es sich um leichtverderbliche Ware handelte, sollte sie sogleich versteigert werden. Otomanski: »Einer, der mit der Beschlagnahme zu tun hatte, sollte sie kaufen. Doch mit 5000 Sloty konnte mein Anwalt das Recht gerade noch rechtzeitig wiederherstellen.«

Später im Jahr war es ein Bischof, der Otomanski in die Quere kam. Er verkaufte Schokolade so billig wie kein anderer. Wie war das möglich? Otomanski: »Es handelte sich um einen ehemaligen Häftling, der von seiner frommen Mutter viel über das Wesen der Kirchen erfahren hatte. Nach seiner Entlassung aus dem Gefängnis hatte er seinen Namen geändert und zwölf Apostel um sich versammelt. Damit war die formale Voraussetzung für die Gründung einer Kirche gegeben – und sie durfte als Kirche alle Waren zollfrei einführen. Davon machte der Mann, der sich inzwischen selbst zum Bischof ernannt hatte, reichlich Gebrauch: Vom Benzin bis zur Schokolade, alles wurde weiterverkauft. Er verdiente dabei soviel, daß er sich eines Tages entschloß, eine richtige Kirche zu bauen. Bei der Einweihung entdeckte ihn ein Kumpan aus alten Zeiten. Da war das Spiel aus – ausgerechnet als er dabei war, etwas Gutes zu tun.«

Das Geschäft wurde schwieriger, der Wettbewerb härter, der Zoll immer höher. Die Konkurrenz machte sich darum in den nächsten Jahren daran, eigene Stützpunkte im Land zu errichten. Nestlé kaufte die Schokoladenfabrik Goplana, Pepsi kaufte die Schokoladenfabrik Wedel, Milka kaufte die Schokoladenfabrik Olza. Cadbury plante den Bau einer neuen Fabrik.

Der drahtige Otomanski, einer der besten Verkäufer des Konzerns, drängte ebenfalls, nach Polen zu gehen. Obgleich der Aufbau Saalfelds ihn viel Geld kostete und Ungarns Wirtschaft die Talsohle noch nicht durchschritten hatte, stimmte Hans Imhoff diesem neuen Wagnis zu.

Auf Grund seiner Erfahrungen in Thüringen und Budapest mit alten Werken von der Treuhand entschied er diesmal: Wir kaufen nicht noch einmal Altlasten, wir bauen neu auf der grünen Wiese.

Im heißen Sommer 1994, der in so manchen nicht vollklimatisierten Betrieben in Polen die Schokolade schmelzen ließ, bevor sie eingepackt wurde, beschloß Imhoff: »Wir bauen eine moderne Superfabrik.«

Jetzt kam alles aufs Tempo an. Um beim Weihnachtsgeschäft des nächsten Jahres dabei zu sein, mußte spätestens ab Oktober 1995 produziert werden – in weniger als anderthalb Jahren.

Otomanski machte sich mit Imhoffs Fabrikbauer Egon Gredig auf Standortsuche. Die Hauptstadt Warschau kam nicht in Frage. Sie war zu teuer, zu korrupt und zu weit östlich; dahinter begann der dünnbesiedelte und kaufkraftschwache Teil Polens. »Warschau wird von manchen Gegnern Asiens westlichste Hauptstadt genannt«, erzählt Otomanski.

Er favorisierte seine Heimatstadt Poznan, das frühere Posen, wo er jeden wichtigen Mann kannte und einmal im Jahr die Lebensmittelmesse des Landes stattfindet. Aber Egon Gredig wollte es genau wissen.

Gefährlich, das wußte Otomanski, konnte seinem Poznan höchstens noch Lódz werden, das ebenfalls westlich von Warschau lag. Gemeinsam fuhren sie dorthin – und sahen, wie in einer Fußgängerzone ein Mann seinen Hund widerwärtig verprügelte. »Hier baut Stollwerck keine Fabrik«, entschied Egon Gredig empört. Posen hatte das Rennen gemacht.

18 Kilometer vor den Toren der Stadt fanden sie ein geeignetes Grundstück von 200 000 Quadratmetern. »Alle notwendigen Genehmigungen für den Bau einer Fabrik hatten wir in fünf Minuten«, erinnert sich Otomanski. Mißerfolge sind nicht sein Revier. Ende August stimmte Hans Imhoff in Köln dem Kauf zu.

Unter Aufsicht von Egon Gredig, der mehr als ein halbes Dutzend Fabriken für Hans Imhoff gebaut hat, begannen polnische Architekten mit der Planung. Otomanski gab seine Handelsfirma Gato auf und trat als Geschäftsführer für Polen bei Stollwerck ein. »Im Imhoff-Tempo« (Gredig) wuchs das Werk. Die Einweihung am 7. Oktober 1995 durch Polens Vize-Premier Roman Jagielinski, so entsinnt sich Gredig, »war einmalig schön«.

Die Produktion lief pünktlich an. Zum Weihnachtsgeschäft war »Alpengold« made in Polen planmäßig auf dem Markt – »auch wenn wir es den Kunden nicht gerade auf die Nase banden, daß die eine oder andere Tafel noch von der Stollwerck-Fabrik in Berlin stammte«, wie Otomanski berichtet.

Über 300 Menschen sind heute bei Stollwerck in Poznan beschäftigt, davon 104 im Verkauf, jeder mit einem Pkw. Sie haben 43 000 Einzelhändler zu betreuen.

Seinem Bestseller »Alpengold« und den anderen Artikeln seiner Fabrikation hat Otomanski inzwischen ein neues Logo verpaßt, das sie alle als Kinder der Stollwerck-Familie ausweist und den Hinweis trägt: seit »1839«. »Der deutsche Name ›Alpengold‹ stört nicht, sondern fördert den Verkauf und das Gründungsdatum zeugt von Solidität«, davon ist er überzeugt.

Vom ersten Tag an wurde in Poznan »Alpengold« an sechs

Tagen der Woche in drei Schichten produziert – genug, um ein Schokoladenband um den Äquator zu legen.

Insgesamt hat Hans Imhoff in das Unternehmen Polen bisher 43 Millionen Mark investiert. Der Lohn der Angst: Ein Jahr nach der Eröffnung in Poznan war Stollwerck Marktführer in Polen. 1994 hatte der Konzern mehr als 3000 Tonnen Schokolade (30 Millionen Tafeln) im Land verkauft. 1996 waren es knapp 14 000 Tonnen (140 Millionen Tafeln).

Während »Alpengold« in Polen wuchs, war Egon Gredig schon wieder auf Standortsuche für eine neue Stollwerck-Fabrik – in Rußland, der dritten, größten und vielleicht schwierigsten Etappe des Aufbruchs nach Osten.

»Wenn ich keine Lust an etwas Neuem mehr habe«, das ist Hans Imhoffs Bekenntnis, »höre ich auf.« So hatte er denn auch frühzeitig, noch vor dem Zerfall der Sowjetunion, begonnen, den Markt zu studieren. Und was er sah, das lockte ihn. Die Frage war nur, wie am besten vorzugehen sei. Drei Wege standen offen:

– Export. Die Aussichten waren gut. »Alpengold« schmeckte nicht nur Polen. 1996 verkaufte Stollwerck 25 000 Tonnen »Alpengold« in Rußland. Aber auch dort nahmen von Jahr zu Jahr die Zollprobleme zu. Im Januar 1997 wurden an der Grenze bereits eimal 42 Lkw mit 800 Tonnen Stollwerck-Schokolade beschlagnahmt.
– Kooperation. Stollwerck verhandelte mit dem Schokoladenkonzern »Roter Oktober«. Aber schon bald stellte sich heraus, daß die Russen vornehmlich am Stollwerck-Geld und am Stollwerck-Know-how interessiert waren, nicht gerade das, was Imhoff begeisterte.

– Eine eigene Fabrik. Das war am teuersten und riskantesten, barg aber auch die größten Chancen in sich, eine Alternative mit der Imhoff Erfahrung hatte.

Wo lag ein eigenes Werk am günstigsten? In Petersburg, im Süden, in Sibirien? Alles wurde abgeklopft. Die Wahl fiel auf Moskau. Im zentralistischen Rußland waren Kommunikations- und Vertriebsprobleme von der Hauptstadt aus am besten zu lösen. Die Metropole war außerdem den Umgang mit ausländischen Unternehmen am meisten gewohnt, hatte die liberalsten Erlasse und galt als eine der kaufkräftigsten Regionen des armen Landes.

Im Moskauer Gebiet allein wohnen 18 Millionen Menschen – mehr als in der Schweiz und Ungarn zusammen.

Der Vorstand einer deutschen Großbank, der von Imhoffs Moskau-Plänen hörte, war entsetzt. Er warnte vor dem Chaos, vor der Mafia, vor der Inflation, vor der Rechtsunsicherheit: »Gehen Sie da nicht hin.«

Imhoffs Antwort: »Suchard geht. Cadbury geht. Ich muß.« Und er setzte Egon Gredig in Marsch. Kaum war das Werk in Poznan eingeweiht, suchte daher der erfahrene Profi im Moskauer Raum nach einem günstigen Platz, fuhr durch endlose Weiten und graue Städte.

»Es ist jetzt ein gutes halbes Jahrhundert her, daß die Russen die Opfer ihres Großen Vaterländischen Krieges auf sich nahmen, um die Deutschen aus ihrem Land zu vertreiben«, beobachtete Egon Gredig einfühlsam: »Wenn wir nun wieder da sind, um Fabriken zu bauen, begegnen sie uns mit erstaunlicher Unvoreingenommenheit. Vielleicht mit einer gewissen Distanz, aber ohne Feindschaft.«

63

Nicht alles war im Wilden Osten selbstverständlich. Auf einem Gelände wurde Gredig versichert: »Strom? Kein Problem. Sie müssen nur zehn Kilometer Leitung ziehen.« Vor einem anderen Bauplatz hätte er erst einen Sumpf trockenlegen müssen, um eine Zufahrt zu erhalten.

Bei den meisten fertigen Fabrikbauten stieß der schnauzbärtige Gredig auf ein unerwartetes Problem: Die Standardbreite zwischen den Pfeilern war sechs Meter. Da Stollwerck-Maschinen aber in der Regel eine Breite von fünf Meter haben und rechts und links von ihnen noch Transportraum sein sollte, suchte er eine Rasterbreite von zwölf Metern.

In Pokrov, im Vladimir-Gebiet vor den Toren der Stadt, wurde er schließlich fündig. Auf einem Grundstück von fast 100 000 Quadratmetern stand ein Fabrikgebäude mit mehr als 12 000 Quadratmetern Nutzfläche.

In dem Gebäude hatte ein staatliches Lebensmittelkombinat produzieren sollen. Das bedeutete, daß in der Nähe potentielle Mitarbeiter wohnten, die so etwas wie eine Art Fachausbildung besaßen und mit der Herstellung von menschlicher Nahrung vertraut waren. Die Autobahn von Moskau nach Sibirien, eine der wichtigsten Verkehrsadern des Landes, führte in unmittelbarer Nähe vorbei.

Der Handel begann. In Rußland ist Grund und Boden noch immer nicht zu kaufen, sondern nur zu pachten. Doch es muß eine Ablösesumme gezahlt werden.

Das ehemalige Lebensmittelkombinat stand dabei als Staatsbetrieb hoch zu Buche – mit drei Millionen Mark. Stollwerck ließ das Objekt schätzen – auf 2,4 Millionen Mark. Die Russen waren mit den 2,4 Millionen einverstanden –

plus 300 000 Mark in bar. Stollwerck zahlte schließlich über 2 Millionen Mark. Ein Vertrag war schnell aufgesetzt. Um nicht später eventuell für Umweltschäden verantwortlich gemacht zu werden, achtete Stollwerck darauf, daß das einst mit Schweröl beheizte Kesselhaus aus dem Deal herausgenommen wurde.

Da tauchte eine unerwartete Hürde auf. Gredig klapperte drei Notare im Vladimir-Gebiet ab. Aber keiner von ihnen war bereit, den Millionen-Vertrag zu beglaubigen. Denn sie hatten bestenfalls Erfahrung mit Testamenten über ein paar hundert Rubel. Schließlich fand der Stollwerck-Mann doch noch einen willigen Notar in Vladimir-Stadt.

Ein Termin für die Vertrags-Unterzeichnung wurde anberaumt. Als die Vertreter der vertragsschließenden Parteien sich in der Kanzlei versammelt hatten, erschien ein Repräsentant der Justizbehörde und verbot die Beurkundung: Kein Notar aus Vladimir-Stadt sei berechtigt einen Vertrag aus Vladimir-Land abzusegnen.

Gredig entsinnt sich lächelnd: »Ich war entnervt und half mit einem ›Allheil-Mittel‹ nach, das nicht nur in Rußland alle Türen öffnet.« Resultat: Die Justizbehörden beauftragten einen Notar in Vladimir-Land am 5. Juli 1996 auszuführen, was der Notar in Vladimir-Stadt vorbereitet hatte.

Über vier Wochen hatte das Notardebakel den Beginn der Bauarbeiten verzögert. Nun wurden sie im »Imhoff-Tempo« vorangetrieben. Sechs Monate später begann die Produktion.

Wie in Ungarn und Polen, so hat sich Imhoff auch in Rußland die Mitarbeit eines versierten Einheimischen als Generaldirektor gesichert. Es ist der Diplomat Jewgenj Golovko, der oft als Rußlands Sonderbotschafter in Wien tätig ist.

Anfang 1997 warnte Golovko Imhoff, die Fabrik in Moskau sei feuerpolizeilich noch nicht abgenommen und dürfte darum offziell noch nicht produzieren. Sofort ließ Imhoff alle Ware aus der Fabrik abtransportieren, um sie vor einer möglichen Beschlagnahme zu bewahren. Und Egon Gredig produzierte fortan, bis zur Vorlage aller Genehmigungen, ohne zu produzieren. »Wir probieren nur die Maschinen aus«, erklärte er jedem, der es wissen wollte.

Hans Imhoff: »Das ist eines der russischen Geheimnisse. Etwas, was eigentlich verboten ist, wird tausendmal erlaubt, aber beim 1001mal plötzlich ganz streng verfolgt. Darauf muß man sich einstellen.«

Einschließlich 1997 hat Hans Imhoff in Rußland mehr als 50 Millionen verplant und investiert. Bereits Anfang 1997 waren rund 150 Mitarbeiter eingestellt, Endziel sind etwa 300. Nach der offiziellen Eröffnung des Werkes Mitte Mai durch Außenminister Kinkel sollen jährlich 20 000 Tonnen »Alpengold« und 5000 Tonnen Schokoladen-Brotaufstrich hergestellt werden. Der Stollwerck-Export von 25 000 Tonnen »Alpengold« nach Rußland wird davon nicht berührt.

»Die künftige Expansion wird nur noch im Ausland stattfinden«, hatte Hans Imhoff schon vor einem Jahrzehnt prophezeit. Dieser Erkenntnis ist er gefolgt. Die Rechnung ging auf, die Vorhersage erfüllte sich. Schon 1995 erzielte Stollwerck fast 16 Prozent seiner Gesamterlöse im osteuropäischen Raum. 1996 waren es sogar über 20 Prozent. Wirtschaftswunder Ost im Reich des Schokoladen-Königs.

Ein Ende ist noch nicht abzusehen. Fredrick Rothhaar lernt schon Russisch.

»Ich kann mir einfach nicht vorstellen«, schrieb Tengelmann-Besitzer Erivan Haub an Imhoff zum 75. Geburtstag, »daß das Aktionsgebiet Hans Imhoffs durch ein so schnödes Hindernis wie den Ural begrenzt werden soll ...«

Was Hans Imhoff in nicht einmal einem Jahrzehnt in Thüringen und Ungarn, in Polen und Rußland geschaffen hat, ist wohl nur aus seiner Vergangenheit erklärbar. Es ist die Frucht der Erfahrung eines bemerkenswerten Lebens.

IV
Die Jugend

März 1922 beginnt an einem Mittwoch und ist ein trister Monat. Deutschland ächzt unter den Reparationszahlungen für den verlorenen Weltkrieg. Der Dollar steht bei 228,50 Mark.

Auf der Linie zwischen New York und Hamburg können Passagiere auf deutschen Schiffen erstmals wieder Einzelkabinen belegen. Deutsche Reisende dürfen statt bisher 3000 Mark künftig 20 000 Mark mit ins Ausland nehmen. Cooks Reisebüro hat bereits 300 000 Buchungen für eine Sommerreise von Amerikanern nach Deutschland.

In Dresden läßt sich das ehemalige Königshaus Sachsen ins Vereinsregister eintragen. Reichspräsident Friedrich Ebert eröffnet die Frühjahrsmesse in Leipzig. Durch einen Dammbruch bei Breslau an der Oder werden mehrere Ortschaften von der Außenwelt abgeschnitten. In Süddeutschland streiken die Metallarbeiter. Die Firmenleitung von Opel in Rüsselsheim erklärt, daß sich ihre 4000 im Ausstand befindlichen Arbeiter als entlassen betrachten können.

Wilhelm Furtwängler übernimmt die Berliner Philharmoniker. Der Gruselfilm »Nosferatu« des Regisseurs Murnau hat in der Hauptstadt Premiere. Die Stenographie-Schulen Gabelsberger und Stolze-Schrey einigen sich auf eine Kurzschrift. Erstmals landet ein deutsches Flugzeug auf der Zugspitze, erstmals findet in Schweden der Wasa-Skilanglauf von mehr als 100 Teilnehmern über fast 100 Kilometer statt. Ägypten wird unabhängig und Sultan Ahmad Fuad besteigt als König Fuad I. den Thron. Ein Großbrand in Chicago verursacht einen Sachschaden von über elf Milliarden Mark, eine Hungersnot in der Sowjetunion den Tod von mehreren Millionen Menschen. Der Dichter George Bernard Shaw lehnt es ab, sich als Kandidat der Labour Party in Edinburgh aufstellen zu lassen.

Die durchschnittliche Lufttemperatur beträgt im März 1922 in Berlin 4 Grad Celsius, die Niederschlagsmenge 34 Millimeter und 151 Stunden herrscht Sonnenschein.

Am Sonntag, dem 12. dieses Monats, schenkt Charlotte Imhoff, geborene Gallé, im zweiten Stock der Fleischmengergasse 34, unweit des Neumarktes, ihrem Mann, dem Schlossermeister Fritz Imhoff, einen Sohn. Hans wird der Sonntagsjunge getauft.

Die direkten Vorfahren seines Vaters waren sechs Generationen von Bildhauern. Der erste von ihnen, der Ur-Ur-Ur-Ur-Ur-Großvater des Hans Imhoff und Stammvater der weitverzweigten Künstlerfamilie, Alexander Wilhelm Imhoff (1689–1760), zog um 1720 aus dem Westfälischen nach Köln; Friedrich der Große war gerade acht Jahre alt. Zu Imhoffs Werken gehörten die Figuren der heiligen Anna und der heiligen Barbara im Chor des Kölner Doms. Eine Straße der Stadt wurde nach ihm benannt.

Sein jüngster Sohn Johann Josef (1739–1802) lebte zu Zeiten von Goethe und Schiller in Kölns Breitestraße 63 und verewigte sich ebenfalls mit zwei Werken im Kölner Dom –

mit den Marmorbildern des heiligen Antonius und des heiligen Patroklus auf den Nebenaltären im Chor. Er hatte neun Kinder, von denen vier Söhne wiederum Bildhauer wurden.

Einer von ihnen war Franz Xaver Bernhard Imhoff (1766–1824), der Ur-Ur-Ur-Großvater von Hans Imhoff. Der Zeitgenosse Napoleons wohnte im Perlengraben 79, heiratete dreimal und schuf die Alabaster-Figuren der heiligen Thekla und des Jakobus in der Elendskirche.

Aus seiner ersten Ehe war Wilhelm Josef Imhoff (1791–1858) hervorgegangen, vielleicht der bedeutendste der Künstler-Sippe. Er meißelte die Posaunenengel für die zwölf Baldachine an der äußeren Chorrundung des Kölner Doms und Büsten mehrerer preußischer Könige. Sein größtes Werk war eine Venus auf einem Ruhebett aus carrarischem Marmor, an der er mehrere Jahre gearbeitet hatte. Als er starb, war Bismarck noch preußischer Gesandter in Frankfurt. Sein Grab auf dem Kölner Friedhof Melaten (Nr. 48, Flur 6 in Q) zierte ein unvollendeter Frauenkopf, daneben Hammer und Meißel des Verstorbenen, darunter die Inschrift:

>»Bei diesem Kopf brach ihm der Meißel ab
>und der Künstler sank ins Grab«

Wilhelm Josef Imhoff hatte zwei Söhne hinterlassen. Beide wurden Bildhauer wie der Vater. Der Ältere, Wilhelm Raphael, zog erst nach Italien und vermählte sich später in England. Der Jüngere, Franz August Bernhard Imhoff (1816–1888), war der Ur-Großvater von Hans Imhoff und erlebte die Gründung des deutschen Kaiserreiches mit. Er wurde in Berlin geboren, wirkte in Aachen und Köln, und starb in Bonn. Auch seine vier Söhne ergriffen den Beruf des Bildhauers.

Der älteste von ihnen, Anton, wohnte wieder wie einst seine Ahnen in Kölns Breitestraße und starb mit nur 39 Jahren. Kinder hatten sich im Hausflur hinter einer seiner großen Marmorplatten versteckt. Als sie umstürzte, fing Anton Imhoff sie mit einem Bein auf und rettete so die Kinder. Aber sein Knie war zerschmettert und Komplikationen führten zu einem frühen Tod.

Anton Imhoffs jüngster Bruder, Karl Friedrich Joseph Imhoff (1850–1931), zunächst ebenfalls als Bildhauer ausgebildet, sattelte schon vor dem Ersten Weltkrieg um und wurde in Köln Schlossermeister. Er hatte sieben Kinder, fünf Töchter und zwei Söhne. Einer davon war Fritz Imhoff (1891–1949).

Fritz Imhoff lernte das Handwerk seines Vaters, wurde mit 23 Jahren Deutschlands jüngster Schlossermeister und diente im Ersten Weltkrieg als Waffenmeister des kaiserlichen Heeres in Erfurt. Dort erblickte er eines Tages durch das Schaufenster eines Blumenladens ein Mädchen, das gerade Sträuße band. Er zeigte Interesse, sie ihm die Zunge. Bald waren sie ein Paar.

Die Braut stammte aus der protestantischen Potsdamer Bankiersfamilie Gallé. Ihr Vater war als oberster Garteninspektor des Herzogs von Weimar gestorben. Seine Witwe eröffnete und führte fortan jenes Blumengeschäft, durch dessen Scheibe Fritz und Charlotte Imhoff einander erstmals sahen.

An dem Tag, als alliierte Flieger erstmals Köln bombardierten, traf das junge Glück in der Stadt ein. Weil die katholische Kirche es ablehnte, wurde die Mischehe in der protestantischen Antoniter-Kirche in der Schildergasse getraut. Nach dem Krieg machte Fritz Imhoff direkt neben dem gewinnbringenden Betrieb seines Vaters in der Bobstraße 12 eine eigene Schlosserei auf.

Privat bezog das Ehepaar eine Zwei-Zimmer-Wohnung im zweiten Stock des Hauses 34 der nahe gelegenen Fleischmengergasse, dort, wo heute die Stadtbücherei steht. Diese Straße in Kölns winkeliger Altstadt wurde teils von Kleinbürgern, teils von Arbeitern bewohnt. Um die Ecke in der Bayardsgasse gab es Bordelle, dahinter begann das Judenviertel. Die meisten Häuser beherbergten kleine Geschäfte im Erdgeschoß oder Keller, vom Krämer bis zum Flickschuster.

In dieser bescheidenen Gegend schenkte Charlotte Imhoff erst einer Tochter Marianne das Leben, dann 1922 – zwei Jahre später – ihrem Sohn Hans. Dies war die Gegend, die seine Kindheit formen sollte.

Trotz des verlorenen Krieges ging es langsam bergauf. Mit Schaffung der Rentenmark setzte Reichsbankpräsident Hjalmar Schacht 1923 der Inflation ein Ende. Die Wirtschaft begann sich zu erholen. In der Schlosserei von Fritz Imhoff wurden zeitweise bis zu 20 Arbeiter und Lehrlinge beschäftigt.

Von seinem fünften Lebensjahr an mußte Hans Imhoff wegen eines angeborenen Augenleidens eine starke Brille tragen. »Schäl« riefen ihn andere Kinder, meist nur einmal, denn »Schäl« war muskulös und scheute keine Rauferei.

In der Volksschule war er in den ersten Jahren Klassenprimus. Mit sechs erhielt er Klavierunterricht an der Rheinischen Musikschule, und der Vater ließ ein Klavier ins Schlafzimmer der engen Zwei-Zimmer-Wohnung stellen. Doch dann, im Herbst 1929 krachte die Börse in Wallstreet und die Weltwirtschaftskrise nahm ihren Lauf. Sie traf auch die Imhoffs. Für einen großen Auftrag einer rheinischen Wohnungsbaugesellschaft über 60 000 Mark hatte Fritz Imhoff als Vorleistung Bankkredite aufgenommen. Da ging die Wohnungsbaugesellschaft pleite. Nun lasteten Schulden auf dem Schlosser. Er mußte die Hälfte seiner Leute entlassen.

Der Sohn erinnert sich heute: »Nie wieder habe ich meine Eltern so verzweifelt und so hilflos gesehen, wie in jener Zeit. Mein Vater bekam über Nacht graue Haare.«

Bittere Jahre brachen an, Jahre der Not und Armut, Jahre, deren Geschehnisse sich unauslöschlich in das Hirn von Hans Imhoff brannten. Imhoff-Biograph Hans-Josef Joest hat sie eindrucksvoll aufgezeichnet.

Der Vater geht jeden Morgen um halb sechs Uhr zur Arbeit. Bevor er die Wohnung verläßt, gibt er der Mutter »Tagesgeld«, vielleicht fünf Mark, oft auch nur zwei oder eine, manchmal keine. Dann gibt es abends dünne Milchsuppe. Aber nie, nie wird Charlotte Imhoff beim Kaufmann anschreiben lassen.

Das Leben in der Fleischmengergasse, in der kaum Hochdeutsch gesprochen wird, ist für die kultivierte Frau nicht einfach.

Drei Wohnungen auf einem Stockwerk haben nur eine Gemeinschafts-Toilette auf dem Flur. Der Sohn sieht, wie die Mutter leidet. Und obgleich er »Vom Winde verweht« noch nicht gelesen hat, schwört er wie Scarlett O'Hara auf Tara: Nie wieder arm, nie wieder hungern, nie wieder ohne Geld.

Das Geld reichte nicht, ihn mit zehn Jahren auf eine höhere Schule zu schicken. Statt dessen verdiente er selbst sein erstes Geld. Mit einem alten Kinderwagen sammelte er Holz auf Baustellen, entfernte zu Hause Zementreste oder Nägel und zerkleinerte es zu Anmachholz, das er verkaufte.

Imhoff selbst erinnert sich heute: »Die erste Investition meines Lebens war meine vielleicht schwerste: Ein Küchenbeil für 1,30 Mark, gekauft in der Eisenwarenhandlung Krewerth.«

Was er verdiente, sparte Hans Imhoff. Nach über einem Jahr konnte er sich kaufen, wovon er träumte: Ein Fahrrad beim Händler Campy für 28 Mark.

1931 starb der Großvater in der Bobstraße. Die Qualität der Bestattungszeremonie, der Exequien, war eine Frage des Preises. Hans Imhoff spürte, wie der Zusammenhang von Kerzen und Kosten den gläubigen Vater zweifeln ließ.

Anfang der dreißiger Jahre lag die Weimarer Republik in ihren letzten Zügen. Es gab in Deutschland fast sechs Millionen Arbeitslose. Kommunisten und Nationalsozialisten stritten um Wählerstimmen. In der Fleischmengerstraße und Bayardsgasse droschen SA und Rotfront häufig aufeinander ein. Pflastersteine flogen, Blut floß. Im Dunkeln wagten sich nur noch wenige Anwohner auf die Straße.

Klassenkampf regierte in Kölns Altstadt. Auf dem Weg zur Schlosserei in der Bobstraße mußte Fritz Imhoff täglich die Bayardsgasse auf einer bestimmten Seite überqueren; auf der anderen wäre er von Arbeitslosen oder Kommunisten angerempelt worden – weil er einen weißen Kragen trug.

Heute erinnert sich Hans Imhoff: »Von meinen Eltern war der Vater der stärkere, aber die Mutter hat mich mehr geprägt.« Ratschläge der Eltern hat er nie vergessen. »Frag immer, wo man gut ißt«, riet der Vater, »aber paß auf, wen du fragst.« Und die Mutter mahnte: »Sieh nie etwas in anderen, was nicht in ihnen steckt.«

1933 wurde Adolf Hitler Reichskanzler und Hans Imhoff elf Jahre alt. Der NS-Staat brach an. Das Böse unter dem Schnurrbart stellte weder für den kreuzbraven Zentrumswähler Fritz Imhoff noch für seinen Sohn im Christlichen Verein Junger Männer eine besondere Versuchung dar. Drei Wochen, nachdem die Jugendgruppe von der Hitlerjugend übernommen wurde, trat Hans Imhoff aus. Ihm gefiel das viele Kommandieren nicht.

Der deutschen Wirtschaft und auch der Schlosserei des Fritz Imhoff ging es rasch besser. Die Arbeitslosigkeit nahm ab, Gewinne kehrten wieder. Schon 1935 kaufte sich Fritz Imhoff sein erstes Auto, einen Adler Trumpf Junior, die Familie zog um in ein schöneres Viertel und Hans Imhoff wechselte von der Volksschule auf die Städtische Handelsschule in der Mauritius-Straße. Doch er wollte unbedingt Geld verdienen. So beschloß er nach nicht einmal drei Jahren Handelsschule das Institut wieder zu verlassen und in eine Lehre zu gehen. Sein Vater war einverstanden.

Die Liste der Männer, die ohne Abitur außergewöhnlichen Erfolg hatten oder Ruhm erlangten, ist lang. Der Stifter des Nobelpreises, Alfred Nobel, und der Friedensnobelpreisträger Carl von Ossietzky gehören dazu, genau wie Thomas Edison, Robert Bosch und Justus von Liebig, Thomas Mann und George Bernard Shaw, Theodor Fontane und Wilhelm Busch, Axel Springer und Andrew Carnegie. Hans Imhoff ist einer von ihnen.

Heute sagt der dreifache Dr. h. c.: »Rückblickend bereue ich in meinem Leben vielleicht am meisten, daß ich nicht studiert habe. Es wären sicher – damals viel mehr als heute – schöne unbeschwerte Jahre gewesen. Und sie hätten mich vielleicht vor ein paar Fehlern bewahrt, die ich später beging. So habe ich das Lehrgeld für jeden meiner Fehler erst selbst verdienen und dann selbst bezahlen müssen.«

Mit Hilfe seines Vaters erhielt Hans Imhoff 1938 eine Lehrstelle beim Kölner Bosch-Dienst. Sein Arbeitstag, der um sieben Uhr früh begann, endete oft erst gegen zehn Uhr abends. Dafür waren im ersten Lehrjahr 15 Mark Monatslohn vorgesehen, im zweiten 25 Mark, im dritten 35 Mark, alles brutto.

Einen Tag vor dem Ausbruch des Zweiten Weltkrieges im Herbst 1939 meldete sich Hans Imhoff freiwillig zum Wehrdienst. Wegen seines Augenleidens wurde er als »Ersatzreserve II« zurückgestellt. Nun beendete er vorzeitig nach zwei statt nach drei Jahren seine Lehre mit Auszeichnung durch eine Prüfung der Industrie- und Handelskammer. Anschließend wurde Hans Imhoff Verkäufer bei Heinrich Müller, Autozubehör-Großhandel an der Aachener Straße. Doch nicht für lange Zeit. Denn das Reich, dessen Truppen inzwischen in Rußland eingefallen waren, entsann sich des zurückgestellten Freiwilligen.

Im Herbst 1941 wurde er eingezogen – zur Kriegsmarine. Auf einem Kameradschafts-Abend spielte Hans Imhoff erst Klavier, dann nahm er sich eine Vase als Mikrophon und improvisierte eine Radioreportage vom Nürburgring über das Duell zwischen Rudolf Caracciola (Mercedes) und Bernd Rosemeyer (Auto-Union). Ein anwesender Offizier war begeistert – Imhoff wurde Anfang 1942 zur Marine-Propaganda-Kompanie nach Saloniki versetzt.

Im Sommer jenes Jahres war er für einen U-Boot-Einsatz vorgesehen. Die dafür notwendige ärztliche Untersuchung ergab eine Verschlechterung seines Augenlichts. Auf dem rechten Auge war er von Geburt fast blind gewesen, auf dem linken nur beschränkt sehfähig. Die grelle Sonne Griechenlands hatte eine weitere Reduzierung verursacht. Er wurde als dienstuntauglich entlassen.

Zu Hause wartete Irmgard Lenz auf ihn. Als er während seiner kurzen Tätigkeit bei Heinrich Müllers Autozubehör-Großhandel im Hof einen Ford-Eifel gewaschen hatte, war er von einer jungen Sekretärin aus dem ersten Stock gefoppt worden, ob er das Auto vom Chef auch richtig wienere.

Es war wie einst zwischen seinem Vater und seiner Mutter im Blumenladen von Erfurt: Was sich neckt, das liebt sich. Kurz nach seiner Entlassung aus der Kriegsmarine und seinem 21. Geburtstag heirateten 1943 Hans Imhoff und Irmchen Lenz – mit einer Lebensmittel-Sonderzuteilung für ein Essen von sechs Personen. Bald arbeiteten beide beim Ford-Einkauf.

Das Reich marschierte unterdessen dem Untergang entgegen. Anfang 1943 hatte die eingekesselte 6. Armee in Stalingrad kapituliert. Im Sommer waren Engländer und Amerikaner in Italien gelandet. Im Juni 1944 gelang die alliierte Invasion in der Normandie. Von Osten, Westen und Süden rückten nun feindliche Heere auf die deutschen Grenzen zu. Ein immer dichter werdender Bombenhagel aus der Luft ließ gleichzeitig deutsche Städte in Flammen aufgehen und legte sie in Schutt und Asche.

Allein die britische Luftwaffe warf insgesamt eine Million Tonnen Bomben ab. Ihr erster Großangriff auf eine deutsche Metropole hatte bereits im November 1942 Köln gegolten, weitere folgten. Die Altstadt wurde ein Trümmerhaufen.

Auch die Imhoffs am Horst-Wessel-Platz wurden ausgebombt und verschüttet. Sie konnten sich nur durch einen Mauerdurchbruch in den Keller des nächsten Hauses retten und von dort befreien. Für Hans Imhoff war es ein existentielles Erlebnis, seine Mutter in schreiender Angst zu sehen: »Konnte es einen Gott geben, wenn er diese Frau, die in ihrem ganzen Leben nie etwas Böses getan hatte, so leiden ließ?«

Die alliierten Luftgeschwader, so hieß es, hätten zunächst Anweisung gehabt, die ursprünglich amerikanischen Ford-Werke in Köln zu schonen. Doch inzwischen produzierte Ford, wie alle deutschen Automobil-Fabriken, ausschließlich für die Wehrmacht. Die Werke waren zu einem wichtigen Angriffsziel geworden.

Im Herbst 1944, als amerikanische Truppen den Rhein erreichten und Heinrich Himmler die Zerstörung der Krematorien in Auschwitz befahl, wurde deshalb der Einkauf von Ford in ein Tal zwischen Wuppertal und Solingen verlagert. Dort, in Kohlfurth, bezog auch das junge Ehepaar Imhoff ein kleines Haus.

Der letzte Kriegswinter brach an. Die Deutschen hungerten und froren. Heute vermag kaum ein Deutscher sich überhaupt noch vorzustellen, was es heißt, Woche um Woche nicht satt oder warm zu werden.

Mit dem Frühling zogen im März 1945 US-Truppen in Imhoffs Heimat Köln ein. Von einst 730 000 Einwohnern lebten noch rund 40 000 in der Stadt, meist in Kellern und Ruinen. Wie durch ein Wunder war der Dom fast verschont geblieben und ragte hoch aus einer Wüste der Zerstörung.

Deutschland kapitulierte im Mai. Die Straßen rund um Wuppertal waren übersät mit den Resten einer geschlagenen Armee, Waffen, Uniformen und Gerät, Kanonen und Panzer, Lkw und Pkw.

Aus diesen Rudimenten des Tausendjährigen Reiches suchte das geschulte Auge des Ford-Einkäufers drei der besterhaltenen Lastwagen heraus, füllte ihre Tanks mit Benzinresten aus anderen Wagen und ihre Reparaturkästen mit Ersatzteilen aus gleichen Modellen.

Die drei Wagen stellte Hans Imhoff auf einen von ihm gemieteten Hof. Sie sollten sein Startkapital in ein neues Leben in einem neuen Land sein.

Noch lag dieses Land darnieder. Das Leid war nahezu unermeßlich. Vier Millionen deutsche Soldaten und drei Millionen deutsche Zivilisten waren im Krieg getötet worden, 14 Millionen Deutsche aus ihrer Heimat vertrieben.

131 Städte sind zerbombt. Von 16 Millionen Wohnungen sind fünf Millionen zerstört, 3,5 Millionen beschädigt. 7,5 Millionen Menschen sind obdachlos. Trümmerfrauen räumen weg, was Männer angerichtet haben: 400 Millionen Kubikmeter Schutt.

Geld ist fast wertlos. Ein Kilo Kaffee kostet auf dem Schwarzmarkt über 1000 Mark und eine amerikanische Zigarette sechs Mark. Deutsche Männer bücken sich nach Kippen der Besatzer, Frauen bieten sich für Schokolade an.

Die Wirtschaft ist auf die Stufe des Tauschhandels zurückgefallen. Witwen geben ihre Trauringe, um Brot für ihre Kinder zu erhalten. Die tägliche Ration auf Lebensmittelkarten für einen Hamburger beträgt 1040 Kalorien, zum Leben zu wenig, zum Sterben zu viel. Tausende haben Hungerödeme.

Die Versorgung der Bevölkerung mit Nahrung ist das wichtigste Problem. In dieser Situation bietet Hans Imhoff sich und seine drei Lastwagen den englischen Militärbehörden in Wuppertal an, bei der Verteilung mitzumachen. Er war nicht in der NSDAP und erhält eine Transport-Lizenz. Gefährliche Fahrten über eine provisorische Schiffbrücke über den Rhein bei Oberdollendorf gehören zum Anfang.

Doch schon nach wenigen Wochen entdeckt der Transporteur ein besseres Geschäft: Kompensationshandel in die französische Besatzungszone.

Deutschland sollte ursprünglich nur in drei etwa gleich große Besatzungszonen aufgeteilt werden: die sowjetische im Osten, die amerikanische im Süden und die britische im Norden. Als auch die Franzosen als Siegermacht dabei sein wollten, gaben Amerikaner und Briten je ein Stück von ihrer Zone an sie ab – die französische Besatzungszone war geboren. Es war die kleinste von allen, aber ihre Grenzen waren besonders sorgsam gesichert.

»Kompensationshändler« Hans Imhoff erwarb, was es im Bergischen Land noch gab, etwa Metallprodukte aus Solingen, wie Stiefeleisen, Scheren oder Nägel, die in der französischen Zone Seltenheitswert besaßen. Hatte er von den britischen Militärbehörden dafür eine Ausfuhrgenehmigung erhalten, wurde die Ware auf seine Lkw verladen, und in der französischen Zone gegen das eingetauscht, was es dort noch gab – besonders Moselwein. Der wiederum war in der britischen Zone ungeheuer begehrt, war dort mehr wert als die ursprünglich eingekauften Eisenwaren. Auf diesen Mehr-Wert kam es an. Um diesen Mehr-Wert ging es bei jeder Fahrt.

Mehr als 40 Jahre später sagte der Tengelmann-Besitzer Erivan Haub über Hans Imhoff: »Er ist der geschickteste Händler, den ich kenne.«

Die Tauschgeschäfte mit dem Mehr-Wert waren nicht ohne Risiko. Eine Nacht verbrachte Imhoff im Gewahrsam französischer Militärpolizei, weil irgendeine Bescheinigung fehlte. Doch bereits am 2. Oktober 1945 erhielt er die Erlaubnis zum Errichten einer Lebensmittel-Großhandlung in Alf an der mittleren Mosel. Der »Hans Imhoff Lebensmittel- und Industrie-Großhandel« eröffnete seine Geschäfte in einer leerstehenden Lagerhalle.

Hans Imhoff erinnert sich heute: »Ich war mit 23 Jahren selbständiger Unternehmer geworden – und wohnte zwei Jahre in einem möblierten Zimmer beim Revierförster von Alf.«

Der Großhandel gedieh. Bald war Imhoff der größte Lebensmittelversorger an der Mosel. Aus den drei alten Wehrmacht-Lkw wurden über 20 Lastwagen.

1947 wurde Imhoffs erstes Kind geboren, die Tochter Monica, die heute als Chirurgin in Schleswig-Holstein lebt. 1948 entschied er sich, gegenüber von Alf, auf dem anderen Ufer der Mosel, eine größere Lagerhalle zu bauen, in Bullay, der einzigen D-Zug-Station zwischen Koblenz und Trier.

Auf dem Bauplatz, dem Gelände einer stillgelegten Ziegelei, errichtete Imhoff als erstes eine Feldküche. Das notwendige Fleisch kam aus Tauschgeschäften mit Bauern in der Eifel. Jeder Arbeiter konnte mittags soviel Eintopf essen, wie er wollte. Für Reichsmark-Lohn hätten sie die Kelle nicht angepackt. Aber so kamen die besten. »Allerdings«, so entsinnt sich Hans Imhoff heute, »aß mancher soviel, daß er hinterher nicht mehr mauern konnte.«

Der Rohbau stand noch vor dem Sommer 1948: Er war 120 Meter lang, 20 Meter breit und 16 Meter hoch.

Am 16. Juni 1948, vier Tage vor der Währungsreform, unternimmt Hans Imhoff nun sein bisher größtes Wagnis: Er gründet in Bullay die Schokoladen- und Pralinen-Fabrik »Teddy«.

Noch hat keine der renommierten deutschen Schokoladenfabriken die Schokoladenproduktion wieder aufgenommen.

Noch ist die Einfuhr des unentbehrlichen Schokoladen-Rohstoffs Kakao nach Deutschland verboten.

Noch gibt es in Bullay weder eine Fachkraft noch eine Maschine.

Doch ein König hat sein Reich am Horizont entdeckt: Schokolade.

V
Die Schokolade

Es war die Waldameise, die einst die Kakaobohne aus dem verborgenen Tempel der Götter stahl und den Indianern des tropischen Regenwaldes in die Ackerfurche legte.« Mit dieser Legende begann Hans Imhoff sein Buch »Kakao – Das wahre Gold der Azteken«, das 1988 erschien.

Nachgewiesen ist der Handel mit Kakaobohnen schon bei den Olmeken, eine der frühesten mittelamerikanischen Kulturen am Golf von Mexiko um 1200 bis 400 vor unserer Zeitrechnung. Sie pflückten die Früchte noch von wildwachsenden Kakaobäumen des Regenwaldes, die sie als heilig verehrten. Einen Trank daraus nannten sie »cacahuatl« – Kakao.

Die geheimnisumwitterten Maya, die ihnen folgten, bauten auf der Halbinsel Yucatan Kakao bereits in Plantagen an, opferten ihrem Gott Ek Chuah einmal im Jahre einen kakaofarbig gefleckten Hund und benutzten Kakaobohnen nicht nur zur Herstellung fester und flüssiger Nahrung, sondern auch als Zahlungsmittel.

Im 12. Jahrhundert begann dann die Herrschaft der aus dem Norden einsickernden Azteken. Sie ließen sich den Tribut der von ihnen unterworfenen Stämme – Tolteken, Mixteken und Zapoteken – in Kakaobohnen zahlen.

Die Kakaowährung war so hart, wie der Euro sein soll. Ein Kaninchen kostete zehn Bohnen, eine Sklavin 50, ein Sklave 100. Eine Tafel Milchschokolade enthält heute etwa 35 Bohnen.

Azteken waren es auch, die dem »cacahuatl« einen neuen Namen gaben. Mit Pfeffer (»xococ«) würzten sie den Trank aus den zerstampften Bohnen, die sie in Wasser (»atl«) schaumig gerührt hatten. Das Ergebnis war »xocolatl« – Schokolade, damals noch ohne Zucker oder Milch.

Der spanische Entdecker Amerikas, Christoph Columbus (1451–1506), brachte erst von seiner vierten Reise in die Neue Welt, 1502, einen Beutel Kakaobohnen mit. Doch das Interesse in Madrid war zunächst gering.

Das änderte sich, als Hernando Cortez (1485–1547), einer der ruchlosesten Konquistadoren, aus Mexiko berichtete, daß man Kakaobohnen »als Münzen gebraucht und überall damit bezahlt«. Und über den flüssigen Kakao schrieb er seinem Kaiser Karl V. in einem Brief: »Ein Becher dieses kostbaren Getränks erlaubt es einem Mann, einen ganzen Tag lang zu marschieren, ohne Nahrung zu sich zu nehmen.«

Die Azteken hatten von den von ihnen besiegten Tolteken die Legende des Quetzalcoatl übernommen, dem Gott des Windes und des Mondes, der einst ein mächtiger Herrscher gewesen sein soll, ehe sich seine Asche in Vögel und sein Herz in den Morgenstern verwandelte. Doch eines Tages, so verhieß es die Prophezeiung, würde er zurückkehren und mit ihm ein himmlisches Zeitalter anbrechen.

Ausgerechnet in dem spanischen Eroberer Hernando Cortez sah nun der damalige Azteken-Kaiser Montezuma den heimgekehrten Quetzalcoatl und öffnete ihm 1519 die Tore

seiner Hauptstadt Tenochtitlan. Cortez nahm den Herrscher als Geisel. Er fand in dessen Schatzkammer angeblich
25 000 Zentner Kakaobohnen – den Gegenwert von zwölf
Millionen Sklaven.

Montezuma wurde bei den ausbrechenden Kämpfen zwischen Spaniern und Azteken getötet. Sein Reich versank.
Cortez (»Ich kam, um Gold zu holen, nicht um zu pflügen,
wie ein Bauer.«) starb in Spanien als Marquis del Valle de
Oaxaca.

Kakao und Schokolade aber traten jetzt ihren Siegeszug
durch Europa an – wie der Mais, die Kartoffel, die Tomate,
die Bohne, der Kaffee, der Tee oder der Tabak. Sie alle
stammten aus kurz zuvor entdeckten Ländern und wurden
alsbald für das Leben der Europäer unentbehrlich.

Die erste Schiffsladung Kakao aus Mittelamerika war 1585
in einem spanischen Hafen gelöscht worden. In Klöstern
wurden die Bohnen nach dem Vorbild der Azteken zerkleinert, gekocht und zu Bitterschokolade eingedickt. In heißem Wasser aufgelöst und mit Zimt, Nelken oder auch pul-
verisierter Hirschzunge gewürzt, ergab sie ein exotisches
Getränk. Spaniens revolutionäre Zutat war Zucker – er
machte die flüssige Schokolade süß.

Schon Anna von Österreich hatte als Tochter eines spanischen Königs und Königin von Frankreich Schokolade am
französischen Hof eingeführt und sich täglich von ihrer Zofe
zubereiten lassen. Unter ihrem Sohn, dem Sonnenkönig
Louis XIV (1638–1715), wurde das modische Luxusgebräu,
das die Indianer einst aus Kokosnuß-Schalen geschlürft hatten, in kostbarem Porzellan vor allem zum Frühstück serviert. Bei Majestät »zur Schokolade« zugelassen zu werden,

war eine Ehre. Nur des Sonnenkönigs stämmige deutsche Schwägerin, Liselotte von der Pfalz, meinte, sie möchte lieber »eine Biersupp«.

Ihre Freundin, die Marquise de Sévigné, teilte vom Hof des Sonnenkönigs in einem von über 1000 Briefen an ihre in der Provinz lebende Tochter Madame de Grignan mit: »Die Marquise de Coetlogon hat während ihrer Schwangerschaft soviel Schokolade getrunken, daß sie einen Knaben gebar, der schwarz war wie der Teufel und nach wenigen Tagen starb.«

1663 schickte Ludwig XIV. den Marschall und Herzog Choiseul du Plessis-Praslin als Beobachter zum Reichstag nach Regensburg. Die reichen Fugger im nahen Augsburg stellten ihm einen Koch. Und der entwickelte statt des üblichen Konfekts eine Mischung aus Marzipan, Mandeln und Datteln, die er mit Schokolade überzog und zu Ehren seines neuen Herrn »Praline« nannte. Die Schokolade war auf dem Vormarsch.

Zunächst ahmten die Höfe das Vorbild von Versailles nach und nippten Schokolade, die oft von Mohren serviert wurde. Dann folgte ihnen Europas Aristokratie und von dort fand das teure Getränk seinen Weg ins neureiche Bürgertum.

Auch die Kirche beschäftigte sich frühzeitig mit ihr. Kardinal Laurentius Brancati (1612–1693) entschied verbindlich, Trinkschokolade sei Fastenspeise. Denn »Liquidum non frangit jejunum« – »flüssiges Fasten bricht nicht das Fasten«.

Selbst Engländer und Holländer, deren Piraten zunächst so manche Schiffsladung von Kakao als »Ziegendreck« oder »Bockmist« ins Meer geschüttet hatten und sich mit den gekaperten Schiffen begnügten, begannen Gefallen an dem modischen Trank zu finden. Um 1657 eröffnete eine erste »Schokoladenstube« in London.

Solche Etablissements gab es bald von Amsterdam und Paris bis Zürich und Venedig. Zur flüssigen Schokolade zum Trinken gab es dort Gebäck, in das feste Schokolade verarbeitet war.

Der Leibarzt des schwedischen Königs, der Naturforscher Carl von Linné (1707–1778), der die noch heute gültigen Grundlagen einer botanischen Fachsprache schuf, taufte den Kakaobaum »Theobroma Cacao« – aus dem griechischen »theos« für Gott und »broma« für Speise.

Neben dem Geschmack dieser »Götterspeise« trug zur Verbreitung der Schokolade im lustvollen Rokoko auch ihr sündiger Ruf bei, ein wirksames Aphrodisiakum zu sein.

Schon die Azteken hatten – wie es heute noch manche Indiostämme tun – erogene Zonen mit Kakaobrei überzogen, um so einen Kuß der Vorfreude noch besser schmecken zu lassen.

In Europa reimte der Engländer James Wadsworth um 1665 über den Schokoladengenuß:

> »Alte Frauen werden frisch und jung.
> Der Fleischeslust verleiht es neuen Schwung.«

Auf dem Kontinent war im 17. Jahrhundert der Wiener Professor Johannes Frank Rauch einer der ersten, der warnte, durch Kakao würden Leidenschaften stimuliert, vor denen sich vor allem der geistliche Stand hüten solle. Anselm von Ziegler-Kliphausen mutmaßte 1703, Schokolade mache »den Leib nur geil«. Für den Wiener Arzt Johann Michael Haiser war die braune Masse eine Venus-Speise, der Breslauer Johann Gottfried Kühne lobte, daß sie »hilfft zur Venus-Lust«, und der Abt Jaquin wußte, Schokolade »reizt zur Liebe«.

Ein Kupferstich von M. Engelbrecht aus der Mitte jenes Jahrhunderts zeigt eine junge Dame, die ihrem älteren Liebhaber eine Tasse Schokolade zur Stärkung der Potenz anbietet. Ähnlich erotische Anspielungen haben sich in der Schokoladenwerbung bis heute gehalten.

Casanova knabberte Schokolade, Kaiserin Maria Theresia liebte sie und Johann Wolfgang von Goethe schickte sie Frau von Stein mit dem Vers:

> »Drum esset, weil Ihr süße seid
> auch etwas Süßes gern.«

Als 72jähriger begegnete der Geheimrat in Marienbad 1821 erstmals der 17jährigen Ulrike von Levetzow. Er schenkte ihr ein Pfund Wiener Schokolade und schrieb dazu:

> »Genieße dies
> nach Deiner eigenen Weise,
> wohl nicht als Trank,
> doch als geliebte Speise.«

Die vielleicht erhoffte Wirkung blieb aus. Drei Sommer traf Goethe die 55 Jahre Jüngere in Marienbad. Aber er warb vergebens. Die Welt verdankt dieser schmerzlichen Entsagung seine »Marienbader Elegie« – und Ulrike von Levetzow starb als 95jährige unvermählt in Böhmen.

Wissenschaftlich fundierter als ihre vermeintliche aphrodisiakische Wirkung war die frühzeitige Erkenntnis vom ungewöhnlich hohen Nährwert der Schokolade: Nur 100 Gramm können bis zu 600 Kalorien haben.

Schon den Azteken hatte darum die braune Masse aus zerstampften Kakaobohnen vermischt mit Chili, Mais oder Mehl als »Eiserne Ration« bei tagelangen Märschen durch den Urwald gedient.

Dem spanischen Eroberer Cortez war diese Qualität des Kakao nicht verborgen geblieben und er hatte seinen Soldaten befohlen, täglich Kakao zu trinken, auf das sie so stark würden wie die Azteken. Das wiederum verführte Alexander von Humboldt später zu der These, die Eroberung Mexikos sei ohne Kakao kaum möglich gewesen.

Deutschlands bedeutender Naturforscher Alexander von Humbolt (1769–1859), ein Freund von Goethe und Schiller, versuchte den Geist der Zeit des klassischen Idealismus mit dem jungen Geist der exakten Naturwissenschaften zu vereinigen. Über die Kakaobohne befand er:

»Kein zweites Mal hat die Natur eine solche Fülle von wertvollen Nährstoffen auf einem so kleinen Raum zusammengedrängt, wie gerade bei ihr.«

Der in Amsterdam praktizierende Arzt Stephan Blancardus riet allen Schwächlichen 1705:

»Ihr, die ihr krafftloss seyd, kommt her und lasst euch stärcken. Die Chocolate ists, die euch erquicken soll.«

Und wie einst den Indios im Regenwald, diente Schokolade Hunderte von Jahren später auch Roald Amundsen und seinen Männern 1911 auf einer Südpol-Expedition als Eiserne Ration im »Wettlauf mit dem Tode«:

»Jeden Morgen lösten wir ein Stückchen Schokolade in heißem Wasser und bereiteten uns auf diese Weise einen schwachen Kakao, dazu aßen wir drei Zwiebacke.«

Zu ihrem verführerischen Geschmack, ihrem Ruf als

Aphrodisiakum und ihrem Nährwert traten schließlich noch Berichte über therapeutische Wirkungen von Schokolade.

Der Cortez-Zeitgenosse Oviedo y Valdes hatte über den Kakao behauptet:

»Wenn man ihn morgens ganz nüchtern trinkt, gerät man nicht in Lebensgefahr, auch nicht wenn man von einer giftigen Schlange gebissen wird.«

Cornelius Bontekoe, holländischer Leibarzt des Großen Kurfürsten von Brandenburg empfahl 1692:

»Wenn man die Chocolata nur bloß zur Gesundheit trincken will, so ists genug, daß sie des Tages aufs höchste zweymal … gebraucht werde.«

Trotzdem ließ der Enkel des Großen Kurfürsten, Friedrich der Große, später aus wirtschaftspolitischen Gründen Schokolade in Preußen verbieten – und nur knapp entging er einem Anschlag durch Gift in seiner heißen Schokolade.

Denn auch zum Gegenteil der Gesundung eignete sich die süße Medizin: Ein Schokoladen-Trunk wurde bevorzugtes Mittel von Attentätern, ihren Opfern unbemerkt eine tödliche Dosis zu verpassen. Der starke Geschmack überlagerte die Bitterkeit der meisten Gifte.

Ihre zahlreichen Eigenschaften ließen die Schokolade neben Tee und Kaffee und etwa zur gleichen Zeit wie die beiden, zum dritten weitverbreiteten fremdländischen Getränk in Europa aufsteigen. Aber anders als beim Tee und Kaffee wurde die Schokolade auch gleichzeitig in ihrer festen Form zu einer begehrten Speise.

Ihr Preis freilich – stets höher als bei Kaffee und Tee – setzte der Beliebtheit lange Zeit Grenzen: Rohstoff Kakao und seine Verarbeitung von Hand waren teuer.

Zwei Entwicklungen bereiteten diesem Zustand allmählich ein Ende und verwandelten Schokolade schließlich vom Luxusartikel in ein Konsumgut für die Massen:

– Bereits im 18. Jahrhundert waren die Herstellungsmethoden verbessert worden. Wasserdampf, Windmühlen und Pferde trieben Maschinen zur Zerkleinerung der Kakaobohnen an. Nach Beginn der Industrialisierung wurden im 19. Jahrhundert Pressen, Walzen, Röstapparate, Klopftische und Stampfwerke erfunden und entwickelt und Schokoladenfabriken gebaut. So wurde die Herstellung preiswerter.

– Die Kolonialmächte legten Kakaoplantagen außerhalb Lateinamerikas an. Im 19. Jahrhundert stieg der Kakaoverbrauch. Anfang des 20. Jahrhunderts überholte die Kakao-Produktion Afrikas die von Amerika. Die Ernte-Erträge steigerten sich nun von Jahrzehnt zu Jahrzehnt. So reichte der Nachschub bei steigender Nachfrage, ohne daß der Preis in den Himmel kletterte.

Der Kakaobaum, ursprünglich wohl im tropischen Regenwald an Amazonas und Orinoco beheimatet, braucht Wärme und Regen. Er gedeiht am besten in einem rund 2800 Kilometer breiten Gürtel rund um den Äquator zwischen dem 13. Grad nördlicher und dem 13. Grad südlicher Breite, wo der Boden reich an organischen Stoffen ist, die Durchschnitts-Temperatur nicht unter 21 Grad sinkt und hohe Luftfeuchtigkeit herrscht. Dennoch liebt er nicht die direkte Sonneneinstrahlung, sondern Schatten. In der Natur wird ihm der von den Baumriesen des Regenwaldes gespendet, in Plantagen von eigens dafür angepflanzten Palmen oder Bananenstauden.

Der Kakaobaum stirbt nach etwa 75 Jahren ab. Seine beste Tragzeit beginnt nach dem zehnten Jahr. Er hat immergrüne Blätter und wächst in Etagen 15 Meter hoch, wird in Plantagen jedoch nach sechs Metern Höhe gestutzt, um ihn besser abernten zu können. Viren, Pilze und Parasiten sind Feinde der empfindlichen Pflanze.

Innerhalb eines Jahres treibt ein Kakaobaum an Stamm und Ästen rund 75 000 gelblich-weiße Blüten. Zwischen 200 bis 300 von ihnen reifen befruchtet in knapp einem halben Jahr zu Früchten heran – gelbgrün oder rötlich, gurkenförmig und ledrig-holzig, bis zu 30 Zentimeter lang und bis zu einem Pfund schwer.

Die Früchte werden das ganze Jahr hindurch geerntet, in unseren Wintermonaten mehr als in unserem Sommer. Mit scharfen Buschmessern werden sie vom Baum getrennt und gespalten. Dann schälen Arbeiter mit der Hand oder einem Holzlöffel ihren Inhalt heraus – süßes, weiß-rötliches Fruchtmus und 25 bis 50 Samen in fünf Reihen: die wertvollen Kakaobohnen.

Pulpa und Kakaobohnen müssen nun in Betonbecken oder als zugedeckte Haufen gären. Die Fermentation dauert je nach Sorte, Klima und anderen Faktoren zwischen zwei und zehn Tagen. Die Temperatur steigt dabei schnell über 45 Grad an.

Die Pulpa zerfällt. Die Kakaobohnen werden anschließend in der Sonne oder in Trockenhäusern bei 50 bis 60 Grad etwa acht Tage lang getrocknet. Ihr Wassergehalt von ursprünglich mehr als 30 Prozent schrumpft auf unter sieben Prozent. Die Bohnen werden kleiner, leichter und braun. Sie sind jetzt eine haltbare, transportfähige Ware: Rohkakao.

Mit einem Fettgehalt von mehr als 54 Prozent und einem Eiweißgehalt von über zehn Prozent sind die Bohnen kleine Protein-Bomben; 0,2 Prozent Coffein und 1,2 Prozent Theobromin wirken auf den menschlichen Organismus anregend und stimulierend.

Die Welternte von Rohkakao lag 1996 bei 2,8 Millionen Tonnen. Davon produzierten die vier größten Erzeuger-Länder über 75 Prozent:

Elfenbeinküste	1 200 000 Tonnen.
Ghana	390 000 Tonnen.
Indonesien	290 000 Tonnen.
Brasilien	230 000 Tonnen.

Das Ursprungsland Mexiko, die Heimat der Maya und Azteken, war nur noch mit 1,8 Prozent dabei.

Die Weiterverarbeitung des Rohkakaos aber wandelt nach wie vor auf den Spuren der alten Indio-Völker: Erst werden die Bohnen geröstet, dann zerkleinert.

Die vier wichtigsten Verarbeitungsländer sind Holland, USA, Deutschland und – als einziges Anbauland – Brasilien. In ihren Fabriken geschieht maschinell, was die Azteken einst über offenem Feuer und in Mörsern taten: Die Bohnen werden bei 110 bis 160 Grad Celsius zwischen zehn und 35 Minuten geröstet und danach in einer Brechmaschine in grobe Stücke gebrochen. Der von Schalen und Keimlingen gesäuberte Kakaobruch wird in einer Kakaomühle zermahlen. Dabei schmilzt das Fett und es entsteht eine breiige Kakaomasse. Damit ist die erste Verarbeitungsphase abgeschlossen. Durch unterschiedliche Verfahren und Zutaten kann die Kakaomasse nun in Kakaopulver, Kakaobutter oder in Schokolade verwandelt werden.

Der nächste Schritt auf dem Weg zur Schokolade ist die Vermischung der Kakaomasse in Maschinen mit anderen Zutaten, deren Quantität und Qualität in Kakaoverordnungen geregelt sind.

So enthält Bitterschokolade fast fünfmal mehr Kakaomasse als Milchschokolade und Milchschokolade etwa ein Viertel mehr Zucker.

Für die Schokoladenindustrie war das 19. Jahrhundert das entscheidende Jahrhundert. In der Schweiz eröffnete F. L. Callier 1819 bei Vevey Fabrik und Handelsbetrieb für Kakao und Schokolade. Sein Schwiegersohn Daniel Peter erfand die Milchschokolade. Sieben Jahre nach Callier eröffnete Philippe Suchard in Neuenburg einen Confiserie-Laden; »Milka« wurde Firmen-Renner. 1845 baute Rudolf Sprüngli, ein Zuckerbäcker aus Zürich, seine erste Schokoladenfabrik, 1879 machte es ihm Rudolf Lindt mit 24 Jahren nach. 1899 kam die erste Schokolade des Berner Zuckerbäckers Jean Tobler auf den Markt. In den sechziger Jahren hatte der ungewöhnlichste von allen die Bühne betreten, ein 50jähriger Kaufmann, der mit Senf, Samen und Petroleumlampen handelte: Henri Nestlé aus Vevey (1814–1890). Er erfand »Kindermehl« auf der Basis von Kuhmilch, das zur Herstellung von Milchschokolade diente und Fundament für den größten Lebensmittel-Konzern der Welt wurde.

In Deutschland stiegen Stollwerck in Köln und Sprengel in Hannover auf, Hildebrand in Berlin, Waldbaur in Stuttgart und Mauxion in Saalfeld – Namen oder Fabriken, die heute alle zum Reich des Hans Imhoff gehören. Daneben entstand in Berlins Mohrenstraße Sarotti mit dem Mohren als Markenzeichen, und in Aachen begann Leonard Monheim in der Apotheke seiner Familie mit einer Schokoladen-Fabrikation, deren berühmtestes Produkt »Trumpf« wurde.

In den Niederlanden hatte sich schon 1815 C. J. van Houten in Zoon selbständig gemacht, der ein neues Verfahren zur Herstellung von Kakaopulver erfinden sollte. Und in England wurden Cadbury und Rowntree die beiden Traditionsnamen. In keiner anderen Branche der Welt, weder im Automobilbau noch bei den Zigaretten, haben sich führende Marken so lange so zahlreich gehalten, auch wenn ihre Besitzer inzwischen häufig wechselten.

Amerika hinkte lange hinterher, holte dann aber schnell auf. Milton S. Hershey hatte 1905 die größte Schokoladenfabrik der Welt. Und der Konditor Forest Mars produzierte 1922 die ersten Schokoladenriegel à la »Milky Way«; der Mars-Konzern ist heute der Welt größter Hersteller von Candy bars.

Im 20. Jahrhundert wurde Schokolade zum Big Business. Der Markt explodierte. Die Konzerne wuchsen. Der Konkurrenzkampf wurde härter. Werbung, Automaten, Sammelbilder wurden eingesetzt, immer neue Produkte entwickelt. Schokoladen-Fälscher mischten Mais und Kleie, Eichel-Kaffee, Mennige und Gips in ihr Produkt; billiger Talg ersetzte teure Kakaobutter.

Der 1876 gegründete »Verband Deutscher Chokoladen-Fabrikanten« stritt lange vergeblich für ein »Reinheits-Gebot«. Erst 1911 wurden auf einem ersten internationalen Kongreß der Schokoladen-Fabrikanten brauchbare Richtlinien darüber erarbeitet, wie Schokolade beschaffen und zusammen-

101

gesetzt sein sollte. 1933 erlangte eine strenge »Verordnung über Kakaoerzeugnisse« in Deutschland Gesetzeskraft.

Eine zweite Quelle des Ungemachs für die Schokoladenfabrikanten war der Preis für Rohkakao. Er schwankte stark, hing von der Ernte, vom Klima und von Spekulanten ab, von Kriegen oder von politischen Verwerfungen.

Anfang des Jahrhunderts waren am Hamburger Kakaomarkt die Preise für Rohkakao jäh in die Höhe geschnellt. Die Schokoladenproduzenten erlitten herbe Verluste. Deshalb gründeten sie 1907 unter Leitung von Geheimrat Ludwig Stollwerck eine eigene »Kakao-Einkaufs-GmbH«, KEG genannt. Sie kaufte nun für bis zu 250 KEG-Mitglieder und andere Kunden den Rohkakao ein und konnte als größter Rohkakao-Einkäufer Deutschlands schon bald Spekulationen unterlaufen und günstige Preise durchsetzen.

Der Erste und der Zweite Weltkrieg trafen die deutsche Schokoladenindustrie schwer und warfen sie weit zurück. Rohstoffknappheit führte in beiden Kriegen zum Zusammenbruch der Produktion; nach den Kriegen wurden Werke im Ausland unter Zwangsverwaltung gestellt und versteigert.

Im geschlagenen Deutschland von 1945 waren Süßwaren Mangelware. 1946 hatten die Alliierten die gewerbliche Verarbeitung von Zucker verboten und Weihnachten 1947 gab es auf einen 500-Gramm-Abschnitt der Brotmarken »Weihnachtsgebäck mit 30 Prozent Zucker«. Schokolade gab es offiziell überhaupt nicht. Deutschlands Grenzen waren für den wichtigsten Rohstoff der Schokoladenherstellung verriegelt. Rohkakao durfte nicht eingeführt werden. Keine einzige der deutschen Schokoladenfabriken von Weltruf konnte eine einzige Tafel Schokolade produzieren. Und in dieser Situation entschloß sich der Lebensmittelhändler Hans Imhoff in Bullay an der Mosel im Alter von 26 Jahren 1948 Schokoladenfabrikant zu werden.

VI
Der Aufstieg

Der Aufstieg

Jeder wußte, daß sie kommen mußte, aber niemand wußte wann, und was sie bringen würde. Am 20. Juni 1948 war sie da, die Währungsreform. Die fast wertlose Reichsmark wurde durch die D-Mark ersetzt, die Zwangsbewirtschaftung von Nahrung und anderen Waren aufgehoben.

Besorgt, so wird es berichtet, rief der damalige US-Militärgouverneur und spätere Organisator einer Luftbrücke zur Rettung des eingeschlossenen Berlin, General Lucius D. Clay, den Vater der Reform, Professor Ludwig Erhard vom Zwei-Zonen-Wirtschaftsrat, an: »Herr Erhard, meine Berater sagen mir, daß Sie einen furchtbaren Fehlen begangen haben.«

»Hören Sie nicht darauf, Herr General«, antwortete der Dicke mit der Zigarre, der erster Wirtschaftsminister und zweiter Kanzler der Bundesrepublik werden sollte: »Meine Ratgeber sagen das gleiche.«

Jeder Bürger erhielt für 40 Reichsmark 40 D-Mark. Schon am Umtauschtag füllten sich Schaufenster mit jahrelang nicht gesehenen Waren. Die Mangelwirtschaft hatte über Nacht ein Ende gefunden. Das »Wirtschaftswunder« war angebrochen.

Hans Imhoff in Bullay an der Mosel zog einen Koffer voll

mit Geldscheinen unter seinem Bett hervor. Sie waren wertlos. Aber in seiner neuen Lagerhalle hatte er auch noch anderes für den Tag X gehortet: Salz, Rasierklingen, flüssige Seife und Maggi-Würze Nr. 6. Das Salz war steinhart geworden, die Rasierklingen verrostet, die flüssige Seife wollte keiner mehr, nur die Maggi-Würze erwies sich als Trumpf. Sie war in viereckigen Ein-Liter-Nachfüllflaschen in einem leeren Aufzugsschacht vier Stockwerk hoch gestapelt: Startkapital für eine neue Zeit. Imhoff: »Ich hatte durch sie Einnahmen ohne Ausgaben.«

Die Jahre der Not und Rationalisierung in Rheinland-Pfalz hatten seine Menschenkenntnis erweitert. Auf einem Wirtschaftsamt war er einmal gegen den Schlüssel eines Rollschranks gestoßen. Die Rollade rasselte herunter. Der Schrank war bis oben mit Butter gefüllt – Imhoff hatte nie wieder Schwierigkeiten mit dem Amt.

Ein Minister aus Mainz war ein anderes Mal im Dienstwagen mit Fahrer nach Bullay kutschiert – nur um selbst einen Sack mit fünf Kilo Zucker abzuholen. Wie der Minister, so das Volk: Die Gier nach Süßigkeiten war groß. Hans Imhoff war entschlossen, sie mit seiner neugegründeten Schokoladenfabrik zu stillen, so gut er konnte.

Von Stollwerck in Köln engagierte er den Produktionschef Konrad Eich für ein Gehalt, das doppelt so hoch war, wie das seines bestbezahlten Mitarbeiters: 1000 Mark im Monat. Er begann mit der Produktion. Geschmolzener Zucker wurde auf sechs Marmorplatten (1 m × 2 m) gegossen. Dort zerteilten Arbeiterinnen die weiße Masse mit Spachteln zu kleinen Fondant-Stücken. Nun fehlte nur noch ein Schokoladenüberzug.

Schokolade aber gab es nicht. Oder doch? Die Einführung von Rohkakao war zwar verboten, aber dennoch sickerten Schokolade und Kakao als ein nie versiegendes Rinnsal in die westlichen Besatzungszonen: In CARE-Paketen aus Amerika, die auf Kosten gutherziger Amerikaner mit Kaffee, Tee und Kakao, Zigaretten, Milchpulver und Konserven gefüllt waren, um Menschen vor dem Hunger zu bewahren.

Über 9,5 Millionen dieser CARE-Pakete wurden nach Westdeutschland geschickt. Ein großer Teil von ihnen ging in sogenannte D.P.-Lager, Lager für »Displaced Persons«, wie es im Bürokraten-Englisch hieß. Displaced Persons waren Angehörige fremder Völker, die in Deutschland die Kapitulation als Gefangene oder Zwangsarbeiter erlebt hatten – insgesamt etwa vier Millionen Menschen, vor allem Russen, Franzosen, Roma und Sinti.

In solche Lager entsandte Imhoff seine Mitarbeiter, um bei Empfängern von CARE-Paketen Genußmittel gegen andere Waren einzutauschen oder zu kaufen. Ein Kilo Kaffee brachte den Displaced Persons 24 Mark, eine Tafel Schokolade sechs Mark.

Diese Schokolade wurde in Bullay in Blechtöpfen über Spiritus-Kochern eingeschmolzen – und die weißen Fondant-Stücke konnten ihren braunen Mantel erhalten. Das waren Deutschlands erste Nachkriegspralinen. Für eine 100-Gramm-Packung erhielt Imhoff sieben Mark. Kaufhof, Kaufhalle und Karstadt, Woolworth, Rewe und Edeka verkauften sie für zehn Mark. Imhoff erinnert sich: »Wir waren die am meisten geschätzten Pralinen-Lieferanten – denn wir waren die einzigen.«

Der erste Coup des neuen Schokoladenfabrikanten war geglückt, das Fundament zu neuen Taten gelegt. Doch die »Teddy«-Pralinen sollten Imhoff nachträglich Ungemach eintragen. Weil er für sie Kaffee, Schokolade und Kakao aus D.P.-Lagern in der amerikanischen Besatzungszone unverzollt nach Rheinland-Pfalz in der französischen Beatzungszone eingeführt habe, rückte ihm die Zollfahndung 1949 auf den Pelz.

Aber noch im gleichen Jahr wurde der erste Rohkakao wieder legal nach Deutschland eingeführt – allerdings wegen der noch herrschenden Devisen-Bewirtschaftung weniger als ein Viertel des Vorkriegsverbrauchs. Imhoff erhielt monatlich 15 Tonnen Rohkakao, die sich in etwa 50 000 Kilo Milchschokolade verwandeln ließen.

Im Herbst jenes Jahres 1949, in dem die Bundesrepublik gegründet wurde, stellte er auf der Kölner Süßwaren-Messe außer seinen »Teddy«-Pralinen auch »Teddy«-Leckerbissen vor. Sie kosteten das Stück zehn Pfennige, waren appetitlich in Stanniol verpackt, bestanden aus Kakaopulver, Milchpulver sowie Zucker und sahen aus wie Suppenwürfel. Denn Imhoff hatte bei dem Suppenproduzenten Zamek eine gebrauchte Maschine für Suppenwürfel erwerben können.

Der elitäre Club der Schokoladenunternehmen, oft seit Generationen im Familienbesitz, begann auf den Neuling in Bullay aufmerksam zu werden. Und was sie sahen, gefiel ihnen nicht. Imhoff beschäftigte bald schon über hundert Mitarbeiter – und immer fiel ihm etwas Neues ein. Er verstand besser und billiger zu produzieren als andere.

Mit Ausbruch des Koreakrieges 1950 hatte ein Boom der Wirtschaft begonnen. Der Export zog an. Hamburgs Exporteure prägten das Wort von »St. Korea«. 1952 hatte die

110

junge Bundesrepublik erstmals 700 Millionen Mark Export-
überschuß. Im Programm zum Betriebsfest der »Imhoff Betriebe« im Gasthof »Zum Moselstrand« am 19. Dezember
1953 hieß es: »Es singen Hans und Monica Imhoff«. Und
der erste Gewinn der Tombola war: »Eine achttägige Reise
mit einer Feriengesellschaft nach Bayern (Krachlederne
kann von Herrn Imhoff und Hut mit Gamsbart von Herrn
Prang geliehen werden).«

Imhoff exportierte in vier Länder, darunter die USA.
»Bild« taufte ihn »Deutschlands jüngsten Millionär«.

Aber Geld war es, was Imhoff in den goldenen fünfziger
Jahren am meisten fehlte. Ehe er etwas einnahm, mußte er
zahlen – für den Einkauf der Rohstoffe bis zu den Löhnen
und Betriebskosten. Und je mehr sich sein Betrieb ver-
größerte, um so größer wurden diese Vorleistungen. Woher
sollte er das Geld nehmen. Er wollte weder einen Partner
noch sich in die Abhängigkeiten von Banken begeben. »Illiquidität war Jahr um Jahr mein größtes Leid«, entsinnt er
sich:« Ich habe fast immer auf Pump produziert und
schlecht geschlafen. Es ist ein scheußliches Gefühl, kein
Geld zu haben. Das geht auf Herz, Nieren und Kreislauf.
Aber ich wollte ein freier Mann bleiben.« Und frei blieb er.

Zwei Hanseaten alter Schule halfen ihm dabei: Hamburgs
Haselnuß-Importeur Wilhelm Rickertsen und Hamburgs
Kakao-Importeur Otto Bertram. Bei seinem ersten Besuch
in der Firma Pisani & Rickertsen hatte Imhoff wie ein Bitt-
steller zunächst fast eine halbe Stunde in der Anmeldung
warten müssen. Dann war ihm bedeutet worden, man sei an
Geschäften mit ihm zurzeit nicht interessiert, man habe
keine freien Kontrakte. In einem Brief an den Seniorchef

Wilhelm Rickertsen machte Imhoff seinem Ärger Luft. Wenig später suchte der alte Herr ihn in Bullay auf, entschuldigte sich und versprach ihm, er könne jederzeit soviel Nüsse für seine Schokolade bekommen wie er wolle – und jederzeit ohne besondere Sicherheiten auf Kredit. Und dieses Versprechen hielt er bis zu seinem Tode.

Noch ungewöhnlicher entwickelte sich Imhoffs Verhältnis zu Otto Bertram. Der Kakao-Importeur war 1895 als Gärtnerssohn geboren worden, hatte eine Lehre im Hamburger Handelshaus Rickmers & Co durchlaufen und war im Ersten Weltkrieg als Offizier viermal verwundet worden. Nach dem Krieg kehrte er in seine alte Firma zurück, in der er erst zum Prokuristen, dann zum Partner und schließlich zum Alleineigentümer aufstieg. Sie hieß seit 1940 Otto Bertram & Co.

Nach dem Zweiten Weltkrieg wurde er eine der angesehensten Persönlichkeiten der Hamburgischen Wirtschaft. Er besaß sieben Firmen, hatte 25 Ehrenämter der deutschen Wirtschaft inne und selbst die UNO sicherte sich seinen Rat. Die Bundesrepublik verlieh ihm das Große Verdienstkreuz ihres Verdienstordens. Ein Hamburger Bankier bezeichnete Bertrams unternehmerischen und persönlichen Ruf als »sagenhaft«.

Er lebte spartanisch, arbeitete zehn Stunden am Tag und hatte es sich zum Prinzip gemacht, Schwächeren zu helfen. Er, der den Banken für jeden Kredit gut war, lieh Geld jenen, die den Banken für einen Kredit oft nicht sicher genug erschienen. Statt – wie im Kakaogeschäft üblich – Kunden höchstens drei Monate Kredit zu geben, gewährte er längere Zahlungsfristen und akzeptierte immer wieder

Das Imperium aus Schokolade

Stollwerck-Chef Hans Imhoff mit Stoll-werck-Emblem. Er wur-de 1922 als Sohn eines Schlosser-meisters in Köln geboren, erbte nichts und verließ die Schule vor dem Abitur. Heute macht seine Gruppe zwei Milliarden Umsatz im Jahr, zumeist mit Schokolade. Seit der Wiedervereinigung baute er neue Fabriken in Thüringen, Ungarn, Polen und Rußland.

Jugend

Die Eltern: Fritz und Charlotte Imhoff

Im Ersten Weltkrieg hatten sich Fritz und Charlotte Imhoff in Erfurt kennengelernt. Er diente als Waffenmeister im Heer, sie war Tochter eines Bankiers. An dem Tag, als beide in Köln eintrafen um zu heiraten, fielen die ersten Bomben auf die Stadt.

Mit Mutter und Schwester
Mit seiner zwei Jahre älteren Schwester Marianne wuchs Hans Imhoff in Kölns Fleischmengergasse auf. Die Mutter war die prägende Kraft seiner Kindheit.

Mit Großvater und Großmutter

Die direkten Vorfahren von Hans Imhoffs Vater waren in sechs Generationen Bildhauer. Werke von ihnen zieren den Kölner Dom. Auch Hans Imhoffs Großvater, auf dessen Schoß er sitzt, wurde noch als Bildhauer ausgebildet, sattelte aber dann um und wurde Schlosser.

Musik *Neigung zur Musik hat Hans Imhoff sein Leben lang begleitet. Als Junge spielte er Violine. Heute noch spielt er Klavier. Seine Lieblingsmelodie ist der Einzug der Gladiatoren aus der Verdi-Oper »Aida«.*

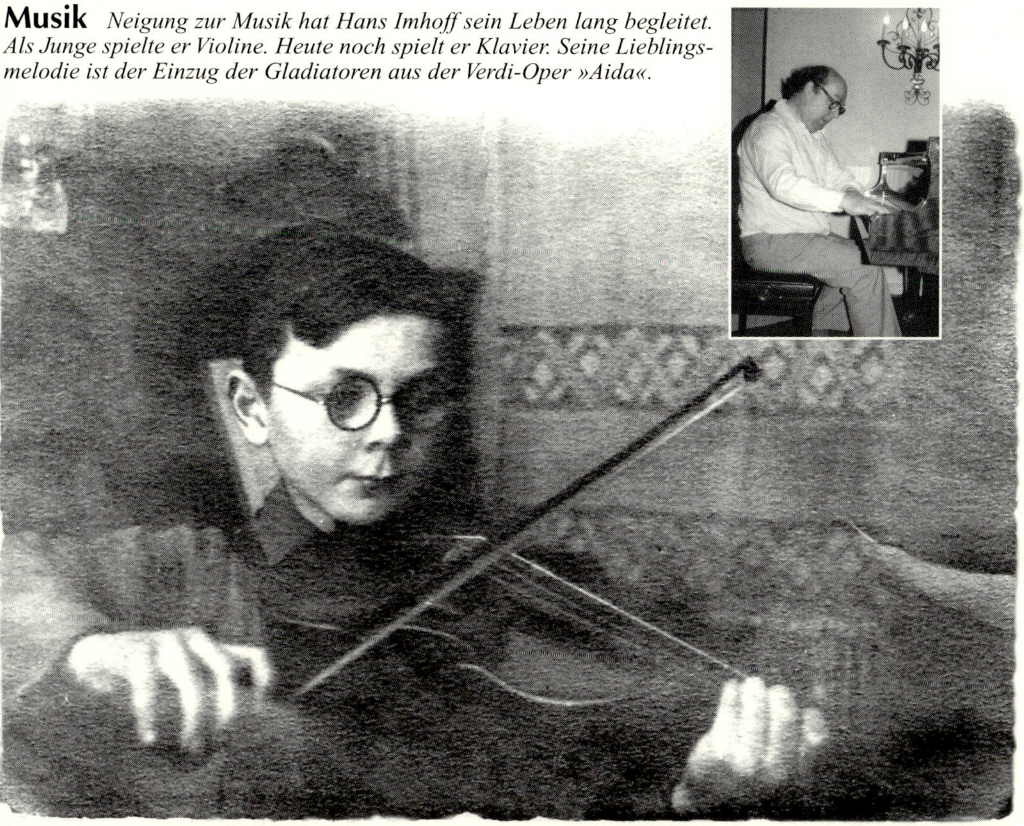

Militär *Im Weltkrieg II diente Imhoff in der Marine. Eine Reportage vom Nürburg-Ring, die er – mit einer Vase als Mikrophon – auf einem Kameradschaftsabend improvisierte, führte zur Versetzung zur Propaganda-Kompanie.*

Familie

Die Kinder aus erster Ehe

*Seine erste Frau Irmgard (oben)
schenkte Hans Imhoff zwei Kinder:
Hans und Monica. Hans Imhoff jr.
ist heute in leitender Position bei
Stollwerck tätig. Monica Imhoff lebt
als Ärztin in Schleswig-Holstein.*

Die Kinder aus zweiter Ehe

Seine zweite Frau Gerburg schenkte Hans Imhoff zwei Töchter: Annette und Susanne. Annette leitet heute die Firma »Larosé« der Imhoff-Gruppe. Susanne studiert Psychologie in Wuppertal.

Das Ehepaar Imhoff

Hans Imhoff mit Frau Gerburg. Sie ist Mitbesitzerin und Geschäfts-führerin des Schokoladen-Museums in Köln und Vorstands-vorsitzende eines »Zentrums für Therapeutisches Reiten« in der Stollwerck-Straße in Köln-Porz.

Aufbruch

Start an der Mosel

Bereits im Oktober des Kapitulations-Jahres 1945 erhielt Hans Imhoff die Erlaubnis zur Errichtung einer Lebensmittelgroß-handlung in Alf an der Mosel. Mit 23 Jahren war er selbständiger Unternehmer – und wohnte zwei Jahre in einem möblierten Zimmer beim Revierförster.

Der Chef und seine Flotte

Mit drei alten Lastwagen der Wehrmacht hatte Hans Imhoff 1945 begonnen. Noch vor der Währungs-reform 1948 waren 23 Lkw daraus geworden. Die meisten hatte er in Köln bei Ford und in Braunschweig bei Büssing im Tausch gegen Moselwein erworben.

Die erste Fabrik in Bullay

1948 übersiedelte Imhoff von Alf in das gegenüberliegende Bullay an der Mosel. Dort baute er eine neue Lagerhalle (links). Statt mit Lohn lockte er vor der Währungsreform Bauarbeiter mit Essen aus einer Feldküche. Aus der Halle wurde später seine erste Fabrik (oben).

Die erste Produktion

Hunderte von Frauen fanden in Bullay Arbeit. Sie schmolzen Schokolade aus Care-Paketen über Spirituskochern ein. Dann überzogen sie damit Fondant-Stücke. Das waren Deutschlands erste Nachkriegs-Pralinen.

»Teddy« kommt 1948 *Vier Tage vor der Währungsreform gründete Hans Imhoff in Bullay die Schokoladen- und Zuckerwaren-Fabrik »Teddy«.*

Imhoff zur Namenswahl: »Als kleiner Junge hatte ich immer einen Teddybären, dem ich meine Liebe schenkte.« Später gab er den Namen auf.

Fabrikanten tagen 1954 *Im exclusiven Club der Schokoladen-Hersteller war Hans Imhoff aus Bullay damals in Würzburg für viele noch ein Neuling. 1996 produzierte er 169 000 Tonnen Süßwaren.*

Stollwerck

Kölns Stolz *1839 eröffnete Franz Stollwerck in Kölns Blindgasse eine Mürbebäckerei. Um die Jahrhundertwende war ein Weltunternehmen daraus geworden, mit Tausenden von Mitarbeitern. Die Collage Adolf Steenharts aus Graphik der Fabrik und Foto der Belegschaft stammt aus dem Jahr 1896.*

Stollwerck in Trümmern

Bombenangriffe der Alliierten zerstörten im Zweiten Weltkrieg große Teile Kölns. Auch Stollwerck im Severinsviertel wurde schwer getroffen. Eine feine Zuckerschicht überzog das Werk.

Das Haus an der Hohen Straße

1906 entstand in Kölns Innenstadt das Stollwerck-Haus. Im Zweiten Weltkrieg wurde es zerstört und 1949 modern wieder aufgebaut. Für über 12 Millionen Mark ließ es Imhoff 1985 neu gestalten – dem Original ähnlich.

Neuanfang in Köln-Porz

Im April 1975 legte Hans Imhoff den Grundstein zur neuen Stollwerck-Zentrale in Köln-Porz. Links: die Verwaltung. Mitte: die Fabrik. Rechts: die letzte Dampf-Lok der Bundesbahn. Im Vordergrund: ein Biotop.

Adenauer wirbt mit Süße

Im Wahlkampf 1957 verteilte Bundeskanzler Konrad Adenauer von seinem Sonderzug aus Stollwerck-Schokolade an Kinder an der Strecke. Adenauer errang in jenem Jahr einen überwältigenden Sieg: die absolute Mehrheit. Stollwerck schüttete 14 Prozent Dividende aus. Drei Jahre später erreichte die Stollwerck-Aktie ihren Höchststand von 1115. Dann begann ein Jahrzehnt des schleichenden Niederganges.

Imhoff mit »Alpia« im Fernsehen

1972 war Hans Imhoff Vorsitzender des Aufsichtsrats von Stollwerck geworden. Eine neue Blüte des alten Konzerns brach an. Als einer der ersten deutschen Firmenchefs warb Imhoff 1976 in ARD und ZDF in Werbespots für Produkte seines Unternehmens: für Stollwercks erfolgreichste Schokolade »Alpia«.

Ehepaar Imhoff mit Bankier Herrhausen

1970 wurde der später ermordete Alfred Herrhausen von der Deutschen Bank Aufsichtsrats-Vorsitzender von Stollwerck. Das Unternehmen steckte tief in der Krise. Herrhausen wählte Hans Imhoff aus, die Firma zu sanieren und seine Nachfolge anzutreten. Herrhausen über Imhoff: »Management durch Hingabe«.

Imhoff mit Stollwerck-Patent *1873 erhielt die Firma Stollwerck ein Patent für ein Walzwerk, dessen fünf Walzen senkrecht übereinander angebracht waren. Es brachte gegenüber den üblichen französischen Walzstühlen eine erhebliche Verbesserung bei der Verarbeitung der groben Kakaomasse.*

Arbeitszimmer *Hans Imhoff in seinem Büro in Köln-Porz. Zwölf Uhren zeigen im Raum die Zeit. Gegenüber seinem Schreibtisch hängt ein Bild von Ernst Wilhelm Nay. Jeden Tag erhält Imhoff hier die Tonnage-Meldung: Wieviele Tonnen Schokolade seine Fabriken in den letzten 24 Stunden verladen haben.*

70. Geburtstag *Mit einem Dinner auf dem Petersberg feierte Hans Imhoff seinen 70. Geburtstag. Er ist am 12. März 1922 in Kölns Altstadt geboren worden – an einem Sonntag im Zeichen der Fische. Seine Heimatstadt hat er nie verleugnet. Er ist so kölsch wie Dom, Millowitsch und Karneval.*

Gratulant am Automaten

Am Tag, an dem Stollwerck seinen 150. Geburtstag feierte, wurde Kölns Lieblingsschauspieler Willy Millowitsch 80 Jahre alt. Trotzdem kam er zum Gratulieren ins Opernhaus.

150 Jahre Stollwerck

Mit »Der Kamelleprinz« wurde Stollwercks 150. Geburtstag in Kölns Opernhaus gefeiert. Unter Imhoffs 1 300 Gästen (von Ex-Bundespräsident Scheel bis SPD-Politiker Wischnewski) waren Verleger Neven DuMont und Mäzen Peter Ludwig (unten mit Imhoff). Imhoff und Millowitsch saßen als Zuschauer auf der Bühne (ganz unten links).

Hildebrand

Die »Fliegerschokolade«

1968 erwarb Hans Imhoff die Berliner Firma Hildebrand. Die aus dem Zweiten Weltkrieg bekannte »Fliegerschokolade« Scho-Ka-Kola war ihr besonderes Produkt. »Der Kleine Dicke« versprach den Konsumenten in der Werbung, er werde sie »wieder groß machen«.

Der Sprung nach Berlin

1812 war die Pfefferküchlerei Hildebrand in Berlin gegründet worden. Schon im »Stechlin« von Theodor Fontane wurde sie erwähnt. Imhoff investierte über 100 Millionen in die alte Firma, baute eine neue Fabrik und verleibte sie dem Stollwerck-Konzern ein.

Der Kleine-Dicke wird die gute, alte „Fliegerschokolade" wieder groß machen.

SCHO-KA-KOLA ist seit Jahrzehnten eine erfolgreiche Marken-Spezialität: SCHO-KA-KOLA macht wach und gibt zugleich neue Kraft, denn SCHO-KA-KOLA besteht aus Kola, Koffein und Schokolade. Das Haus Imhoff hat alle Rechte an SCHO-KA-KOLA erworben. Ab sofort wird SCHO-KA-KOLA durch das Haus Imhoff hergestellt und vertrieben. Der Kleine-Dicke wäre nicht der Kleine-Dicke, wenn er nicht sofort beschlossen hätte, SCHO-KA-KOLA größer zu machen. Deshalb steigt in Kürze die größte Werbeaktion, die SCHO-KA-KOLA je erlebt hat: Ganzseitige farbige Anzeigen im Spiegel sprechen die interessanteste Gruppe der SCHO-KA-KOLA-Verbraucher an. Dazu kommt noch Werbung im Rundfunk. Bald wird also der SCHO-KA-KOLA-Umsatz steigen. Aber das ist nur ein Grund, warum Sie sich um SCHO-KA-KOLA mehr denn je kümmern sollten: SCHO-KA-KOLA ist eine Marken-Spezialität, die einen guten Preis erzielt und eine gute Spanne bietet. Sie wollen also auch am Aufstieg der guten, alten „Fliegerschokolade" beteiligt sein? Da gibts nur eins: Einsteigen ins Geschäft.

SCHO-KA-KOLA – ein Markenartikel aus dem Hause **Jmhoff**

Sprengel

Nach dem Erwerb von Eszet und Waldbaur kaufte Imhoff 1979 Sprengel in Hannover von Nabisco für Stollwerck. Sprengel war Marktführer im deutschen Norden. »Ich heiße Hans Imhoff«, stellte sich der neue Chef der Belegschaft vor, »bin 1,70 Meter groß, wiege 90 Kilo, habe vier Kinder und bin gesund.«

Jaques

Die Chocolaterie Jacques S.A. in Eupen wurde vor 100 Jahren gegründet und zählt zu den ältesten Schokoladenfabriken Belgiens. 1982 wurde sie von Imhoff für Stollwerck gekauft. Fünf Jahre später baute er auch für Jacques eine neue Fabrik, die jährlich 20 000 Tonnen Schokoladenprodukte herstellen kann.

Alprose

1963 verkaufte Imhoff eine gebrauchte Maschine an die Chocolat Titlis S.A. in Caslano bei Lugano. Doch die Schweizer Firma zahlte nicht. Sie steckte in einem Vergleich. Da kaufte Imhoff sie, taufte sie in »Alprose« um und baute eine neue Fabrik. Heute exportiert die Stollwerck-Tochter über 71 Prozent ihrer Produktion.

China

Der rote Handel lockt *Hans Imhoff mit Chinas Vize-Minister für Leichtindustrie, He Zhiha, in der Stollwerck-Verwaltung. Anfang der achtziger Jahre hatte Imhoff begonnen, sich für Asiens größten Markt zu interessieren. Im April 1983 besuchte er die Volksrepublik. Im November machte eine chinesische Delegation unter He Zhiha einen Gegenbesuch in Köln-Porz. Es fing vielversprechend an...*

Der rote Handel grüßt *»Flöhliche Weihnachten« wünschten die Mitglieder einer chinesischen Delegation Hans Imhoff 1984. Er schenkte der Volksrepublik eine gebrauchte Verpackungsmaschine im Wert von etwa hundertzwanzigtausend Mark und verkaufte ihr eine gebrauchte Produktionsanlage. Endziel war der gemeinsame Bau einer Schokoladenfabrik im Reich der Mitte.*

KONSUL HANS IMHOFF
VORSITZENDER DES AUFSICHTSRATES
DER STOLLWERCK AG

5000 KÖLN 90 (Porz-Westhoven)
Industriestraße 27-31
Telefon: (0 22 03) 4 32 02

4 /12. 1984

尊敬的张经理肇范及其他诸位先生:

　　本人证实我们於一九八四年十二月二日(星期日)在法兰克福机场谈话的内容,现在提交说明本人的建议如下.

I. 基本的想法是在中国上海建立一个现代化的巧克力工厂,前提条件是:

　　a) 中华人民共和国(以后称中国)不必动用外汇,除此之外不需直接投资费用。

　　b) 在生产巧克力制品时,中国方面亚不须支出外汇,以免增加中国在经济上的负担。

　　　下面是这项计划的一些想法

II. 中国提供我们一块长约160公尺,宽为80公尺到100公尺,有继承使用权利的地皮.
　　该地区的基本设施应能满足建筑一家巧克力工厂的需要,这就是说应该具备下列技术上的先决条件.

　　1. 平坦的地皮,有水电供应

Ein Brief in Chinesisch

In einem ausführlichen Schreiben in Chinesisch legte Imhoff den Kommunisten im Dezember 1984 seine Pläne vor. Obgleich die Asiaten gern Schokolade essen, lag der Pro-Kopf-Verbrauch in China damals noch bei zehn Gramm im Jahr, in der Bundesrepublik bei über 6 000 Gramm.

Das Ende auf Chinesisch

Chinesen studierten die Schokoladen-Produktion in Köln-Porz (Mitte: Imhoff). Der Bau einer Fabrik schien nahe. Da ereignete sich das Massaker auf dem Platz des Himmlischen Friedens in Peking. Hans Imhoff brach alle Verhandlungen ab.

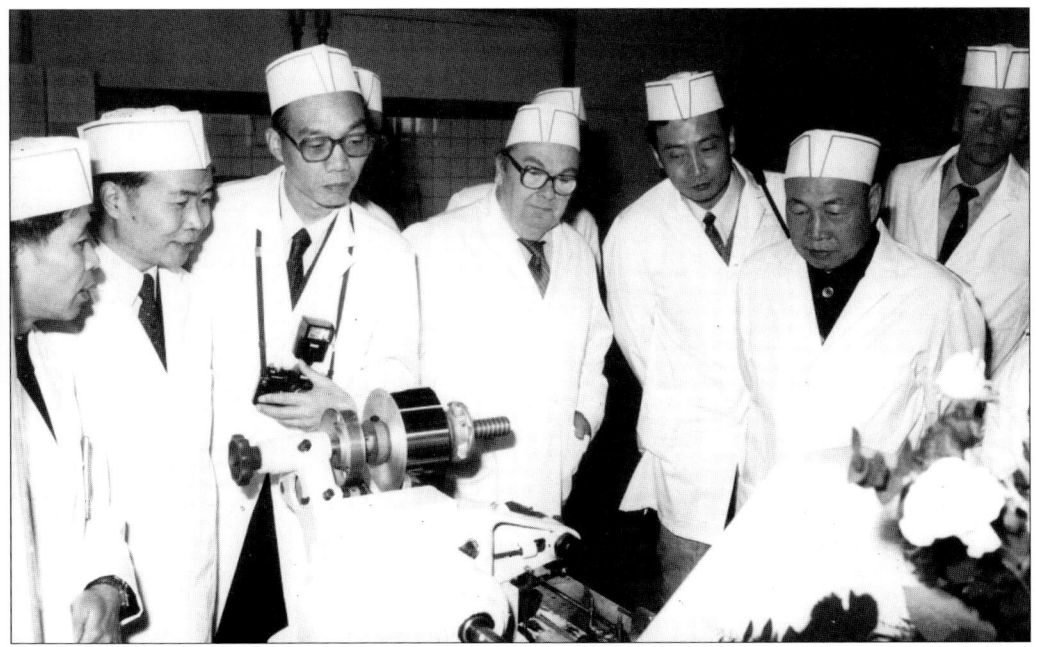

Thüringen

Mit Thüringens Landesvater Vogel

Nach der Wiedervereinigung kaufte Imhoff von der Treuhand die größte Schokoladen-Fabrik der ehemaligen DDR im thüringischen Saalfeld. Er investierte 160 Millionen Mark und baute Deutschlands modernstes Hochregallager.

Besichtigung in Saalfeld

Hans Imhoff (links) zeigt Thüringens Ministerpräsidenten Bernhard Vogel (Mitte) die von Grund auf überholte Fabrik. Er beließ den Werkschef aus DDR-Zeiten Harald Stäfe auf seinem Posten. »Musterbetrieb der freien Marktwirtschaft«, urteilte Vogel.

An der Saale hellem Strande *Einst wurde in Saalfeld »Mauxion«-Schokolade hergestellt, in der DDR »Rotstern«-Schokolade. Der Schornstein des Werkes war der höchste des Landes – über 100 Meter. 24 Heizer taten Dienst in drei Schichten. Nun sind Schornstein und Heizer verschwunden, das Werk wird mit Erdgas aus Bayern beheizt. Der Himmel über der Saale ist wieder blau.*

Polen

Stollwerck in Posen *1995 eröffnete Hans Imhoff mit Vize-Premier Roman Jagielinski eine neue Stollwerck-Fabrik in Posen – auf halbem Wege zwischen Berlin und Warschau. Kapazität: Jährlich 15 000* *Tonnen Schokolade. 1996 war Stollwerck bereits Marktführer in Polen. »Die Staaten in Osteuropa suchen ihre Wirtschaft mit Zöllen zu schützen,« sagte Imhoff. »Wer dort verdienen will, muß dort investieren.«*

Rußland

Stollwerck in Moskau *»Gehen Sie da nicht hin«, warnte ein Bankier den Stollwerck-Chef Imhoff vor einem Engagement in Rußland. »Suchard geht, Cadbury geht«, antwortete Imhoff, »Ich muß.« Auf* *einem etwa 200 000 qm großen Gelände entsteht aus einem alten Bau eine der modernsten Schokoladen-Fabriken der Welt. Anfang 1997 lief die Produktion an. 20 000 Tonnen Schokolade im Jahr sind anvisiert.*

Ungarn

Stollwerck in Székesfehérvár

1995 errichtete Stollwerck in der ehemaligen Hauptstadt Székesfehérvár 60 km südwestlich von Budapest für 35 Millionen Mark eine Gebäckfabrik auf 130 000 Quadratmetern: 240 m lang und 48 m breit. Sie ist heute Nr. 2 auf Ungarns Gebäckmarkt.

Eröffnung durch den Präsidenten

Hans Imhoff und Ungarns Staatspräsident Göncz Arpad weihten im September 1995 Stollwercks modernste Gebäckfabrik in Székesfehérvár ein. Imhoff erhielt von Arpad das Offizierskreuz des Verdienstordens und wurde Ehrenbürger der Stadt.

Schokolade auf Rädern

Zehn Stollwerck-Laster rollen durch Ungarn. Schon vor 100 Jahren unterhielt Stollwerck Fabriken im Land. Vor 50 Jahren war das Unternehmen der größte Süßwarenhersteller Ungarns. Jetzt hat sich der Konzern diese Stellung in wenigen Jahren zurückerobert.

»Bucsok« in Budapest

1992 übernahm Stollwerck die größte Schokoladengruppe Ungarns »Quintie«. Zwei Werke wurden wie vorgesehen weitergegeben: Die Kaffee-Fabrik »Zamat« an Nestlé, die Schokoladenfabrik »Csemege« an Suchard. Stollwerck behielt die Werke »Bucsok« und »Duna« und ist heute – mit etwa 1000 Mitarbeitern – Marktführer des Landes in Schokolade.

Larosé

Eine Tochter für die Tochter *Larosé ist eine Tochter der Imhoff-Gruppe unter Leitung der Imhoff-Tochter Annette (links). Es reinigt und vermietet bundesweit Berufskleidung und Wäsche, vom Handtuch bis zur Kochmütze.*

Reit-Zentrum

Ein Zentrum für heilendes Reiten *Ehefrau Gerburg Imhoff (links) ist 1. Vorsitzende eines »Zentrums für Therapeutisches Reiten« in Köln-Porz. Über 200 Patienten mit psychischen und körperlichen Behinderungen werden wöchentlich betreut. Der Umgang mit den Pferden hilft, Leiden zu mildern oder zu heilen.*

Museum

Das Mmmmuseum *Hans Imhoff erfüllte sich einen Lebenstraum und baute auf der Rhein-Halbinsel im Zentrum Kölns ein Schokoladen-Museum. Es kostete ihn über 53 Millionen Mark. Seine Frau Gerburg ist Mitbesitzerin und Geschäftsführerin. Das Museum gibt einen Überblick über die 3 000jährige Kulturgeschichte der Schokolade. Es wurde im Herbst 1993 eröffnet. Über 1,5 Millionen Menschen haben es seither besucht.*

Der goldene Schokoladen-Brunnen

Das Stollwerck-Imhoff-Museum hat auf der Welt nicht seinesgleichen. Auf etwa 4 000 Quadratmetern werden über 2 000 Exponate gezeigt, von der Kakao-Bohne bis zu alten Schokoladen-Automaten.

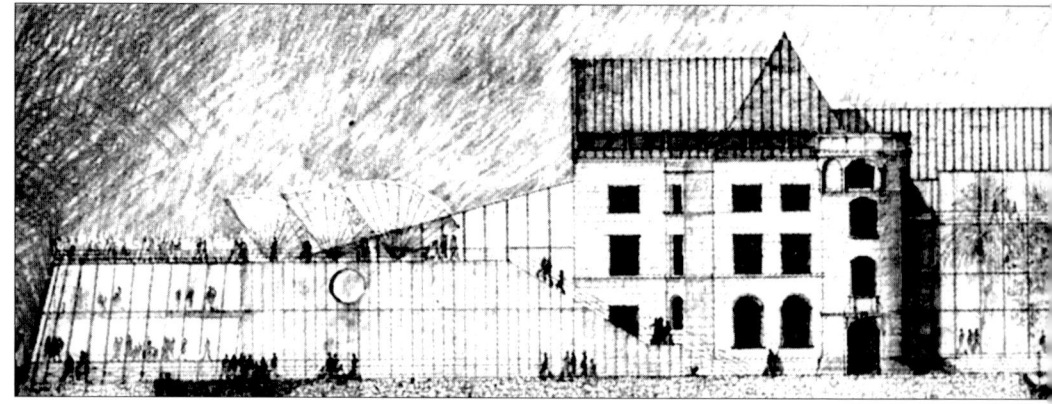

Der Bau

Professor Fritz Eller hat das alte Hauptzollamt am Rheinauhafen mit einem modernen Bau verschmolzen – samt Tropenhaus und einer Miniatur-Produktionsanlage.

Die Einweihung

In Anwesenheit von Bundes-außenminister Klaus Kinkel eröffnete Gerburg Imhoff das Museum am 31. Oktober 1993. Die Bauzeit hatte nur 13 Monate betragen. 135 Mitarbeiter sind im Museum beschäftigt.

Die Automaten

Sechs alte Schokoladen-Automaten aus der Museums-Sammlung. »Rhenania«, der älteste von ihnen (3. von links) stammt aus dem Jahr 1896.

Sarotti CHOKOLADEN- UND
CACAO-INDUSTRIE
BERLIN-TEMPELHOF

Die Werbung

*Das Museum ist im Besitz von
Hunderten alter Schokoladen-
Plakate, darunter diese Sarotti-
Werbung aus dem Jahr 1918.*

Hauptquartier Ost, den 5. Dezember 1915.

Herren Gebrüder S t o l l w e r c k

C ö l n.

Sie hatten die grosse Güte, anlässlich meines Geburtstages
für die mir unterstellten Truppen 10000 Ko. Schokolade zu stiften. Nehmen Sie dafür meinen herzlichsten Dank entgegen.

Jn hervorragender Weise haben Sie durch Jhre hochherzige
Spende dazu beigetragen, den Soldaten der mir anvertrauten Armeen
einen grossen Genuss und eine Freude zu bereiten.

von Hindenburg.

Generalfeldmarschall und Oberbefehlshaber Ost.

Der Dank

*Unter den
historischen
Dokumenten
des Museums
befindet sich
ein Brief von
Generalfeld-
marschall v.
Hindenburg aus
dem Jahr 1915
an die »Herren
Gebrüder Stoll-
werck«, in dem
er sich im zwei-
ten Jahr des Er-
sten Weltkrieges
für 10000 Kilo
Schokolade be-
dankt, die das
Unternehmen
als Spende an
die Front gelie-
fert hatte.*

Die Überschwemmung *Wenige Monate
nach der Eröffnung trat das Rhein-Hochwasser
über die Ufer. Das Schokoladen-Museum »soff ab«,*
*so Mäzen Hans Imhoff. Die Schäden betrugen über
5 Millionen Mark. Das Foto aber machte das Museum bundesweit bekannt. Die Besucherzahl stieg.*

Begegnungen

Ehrenbürger von Saalfeld

Nach Überreichung der Ehrenbürger-Urkunde trug Hans Imhoff sich im Beisein von Bürgermeister Richard Beetz im September 1992 in das Goldene Buch der thüringischen Stadt Saalfeld ein.

Mit Bundespräsident Walter Scheel

Im November 1976 besichtigte Bundespräsident Walter Scheel mit seiner Tochter Cornelia der Welt modernste Produktionsanlage für Schokolade: die neue Stollwerck-Fabrik in Köln-Porz. Hans Imhoff begrüßte ihn mit einer Zigarre.

Mit Präsident Richard von Weizsäcker

*Während der Amtszeit Richard von Weizsäckers war Hans Imhoff Gast des Bundespräsidenten in der Villa Hammerschmidt.
Weizsäcker verlieh ihm im November 1989, wenige Tage nach dem Fall der Mauer, das Verdienstkreuz 1. Klasse.*

Mit Minister Josef Ertl

Der Bundesminister für Landwirtschaft, Josef Ertl, war einer von über einem halben Dutzend Bundesministern, die im Lauf der Jahre Stollwerck-Stützpunkte besuchten. Er probierte die Produkte.

Mit Golfer
Bernhard Langer

*Hans Imhoff gratuliert
Bernhard Langer,
Deutschlands erfolg-
reichstem Golf-Profi,
nach dem Sieg beim
Sprengel-Golfturnier
im Marienburger
Golfclub 1986.*

Mit Außenminister
Klaus Kinkel

*»Herr Imhoff«, so urteilt
Bundesaußenminister
Klaus Kinkel, »hat sich
von unten mit Zähigkeit
und Mut hochgearbeitet
und ein Imperium
aufgebaut, dem er zu-
gleich väterlich und
unnachgiebig vorsteht.«*

Konsul von Togo

Hans Imhoff ist Honorarkonsul der Republik Togo und Ehrendoktor der Universität Bénin in der Hauptstadt Lomé. Kakaoanbau ist wichtiger Wirtschaftsfaktor in der ehemaligen deutschen Kolonie. Bei einem Besuch in Togo nahm Imhoff an Feierlichkeiten der Republik teil.

Mit Shimon Perez *Der stellvertretende Premierminister und Außenminister Israels, Shimon Perez, mit Hans Imhoff 1986 bei der Einweihung einer Schokoladenfabrik in Israel.*

Mit Menachem Savidor *Israels Parlamentspräsident Menachem Savidor empfing Hans Imhoff in Jerusalem, als Stollwerck sich am Bau einer Schokoladenfabrik beteiligte.*

Mit Minister Ignaz Kiechle

Der Bundesminister für Landwirtschaft Ignaz Kiechle (rechts) und Hans Imhoff (links) schauen zu, wie Kölns Oberbürgermeister Norbert Burger sein Glück an einem der ältesten Stollwerck-Automaten aus dem vorigen Jahrhundert versucht.

Stollwerck-Werbung

Der Entwurf des Plakats »Stollwerck's Chocolade« (links) stammte 1898 von Hans Unger, die Idee zur Werbung im Springer-Sonderheft »46-96« (rechts) stammte 1996 vom Konzern-Chef.

STOLLWERCK
seit 1839
Eine Weltmarke im Wandel der Zeit.

Stollwerck-Chef

Hans Imhoff ist seit einem Vierteljahr-hundert Vorsitzender des Aufsichtsrats des Stollwerck-Konzerns. Er besitzt über 95 Prozent der Aktien des Kölner Unternehmens.

Wechsel von jenen, die er auf dem Weg nach oben und zum Erfolg unterstützen wollte. Einer von ihnen war Hans Imhoff.

»Immer wieder, wenn mich Geldnot drückte«, berichtet Hans Imhof, »fuhr ich mit dem Auto nach Köln und nahm den Nachtzug nach Hamburg.« Er kam dort gegen sechs Uhr früh an. Im Waschraum machte er sich frisch, rasierte sich, zog ein sauberes Hemd an und fuhr zur Kakao-Einkaufsgesellschaft (KEK), von der er Anteile besaß, denn die machte schon um sieben Uhr auf. Wenn der Chef kam, saß Imhoff schon auf der Treppe. Sie redeten vom Geschäft, tranken einen Kaffee und um acht Uhr war Imhoff bei Otto Bertram am Alsterufer 10. Imhoff: »Nicht einmal habe ich sein Büro verlassen, ohne daß er einen alten Wechsel prolongiert oder einen neuen akzeptiert hätte. Am Abend war ich wieder in Bullay und konnte weitermachen.«

Am 22. Juli 1963 hatte Otto Bertram wie gewöhnlich spät abends sein Büro am Alsterufer verlassen und war wie gewöhnlich mit der U-Bahn nach Ohlstedt gefahren, wo er wohnte. Etwa 500 Meter vor der Station stand er auf und öffnete die Tür des fahrenden Zuges. Am nächsten Morgen wurde er tot neben den Gleisen gefunden. Die Polizei ging von Freitod aus, Familie und Freunde hielten das für ausgeschlossen. Die Prokuristen der Firma Otto Bertram & Co entdeckten, daß das Unternehmen zahlungsunfähig war. Der königliche Kaufmann, der es nicht über sich gebracht hatte, kapitalschwache Schützlinge fallenzulassen, war selbst gestürzt.

Hans Imhoff wurde vom Tod des Freundes tief getroffen. Aus dem Strudel des Zusammenbruchs der Firma Otto Bert-

113

ram konnte er sich indes unverwundet retten. 14 andere kakaoverarbeitende Unternehmen aber, die bei Bertram in der Kreide standen, riß die Pleite ihres Gönners mit sich in den Abgrund. Denn auf dem Schokoladenmarkt war inzwischen ein mörderischer Kampf entbrannt, den nur wenige der Schwachen überlebten.

In den fünfziger Jahren war der Umsatz der deutschen Süßwarenindustrie von rund einer Milliarde Mark auf rund zwei Milliarden Mark gestiegen, die Zahl der Beschäftigten erhöhte sich von etwa 40 000 auf über 60 000, die Schokoladenherstellung verdoppelte sich von circa 100 000 Tonnen auf circa 200 000 Tonnen. Doch die Zahl der Süßwarenbetriebe ging von fast 500 auf etwas über 400 zurück.

Hans Imhoff hatte in diesem Jahrzehnt in Bullay wie ein Kuli geschuftet, zwölf Stunden am Tag, sieben Tage die Woche. Wenn seine Frau am Sonntag mit den Kindern in die Kirche ging, ging er ins Büro. Die Wege trennten sich.

Die Lage auf dem Schokoladenmarkt wurde seit der Währungsreform von einem alles überschattenden Faktor geprägt: Für Markenschokolade bestand Preisbindung, für Konsumschokolade nicht. Markenschokolade, das waren die Erzeugnisse der Traditionsfirmen wie Sarotti und Suchard, Stollwerck oder Sprengel, Konsumschokolade, das waren Produkte wie die von Imhoff.

Eine Tafel Markenschokolade wurde für 73 Pfennige von der Fabrik an den Großhandel abgegeben, für 93 Pfennige an den Einzelhändler und für 1,30 Mark an den Kunden. Mit diesen festgeschriebenen Gewinnspannen ließ sich gut leben.

Konsumschokolade wurde etwa für 53 Pfennige von der

Fabrik an den Großhandel abgegeben, für 73 Pfennige an den Einzelhändler und für 85 Pfennige an den Kunden.

Die Fabrikanten der Konsumschokolade sahen sich dabei dem immer härter werdenden Druck immer mächtiger werdender Großeinkäufer ausgesetzt.

Um sich von solchen Großabnehmern unabhängiger zu machen, warb Imhoff einen führenden Hussel-Mitarbeiter ab und wagte es, selbst eine Kette von Süßwaren-Geschäften aufzumachen: »Punkt und Pünktchen«, die er bald mit 20 Süßwaren-Geschäften namens »Susi« im Frankfurter Raum zu einer »Susi«-Kette verschmolz. Sie gehört ihm noch heute und betreibt rund 200 Süßwarenfachgeschäfte in der Bundesrepublik.

Ende der fünfziger Jahre beschäftigte Imhoff 400 Mitarbeiter in Bullay, stellte etliche Millionen Tafeln Schokolade im Jahr her und rangierte unter den deutschen Schokoladenfabrikanten auf Platz 15. Am Berg oberhalb seiner Fabrik hatte er sich ein stattliches Haus gebaut. Da kündigte sich Anfang der sechziger Jahre ein Erdbeben in der Schokoladenindustrie an: Die Preisbindung begann zu bröckeln und wurde 1964 aufgehoben.

Es war ein Bilderbuchsommer mit Temperaturen über 30 Grad im Schatten, das Schlimmste, was einem Schokoladenfabrikanten passieren kann: Die Lust auf Schokolade schmolz in der Hitze dahin – genau wie das Produkt selbst. Hans Imhoff machte Ferien im Hotel »Miramar« in Westerland auf Sylt, als sich das Unheil wie ein Steppenbrand ausbreitete. In vielen Lebensmittel-Ketten und Warenhäusern kostete plötzlich Tobler oder Stollwerck statt 1.30 Mark nur die Hälfte. Kaum einer kaufte da noch Kon-

115

sumschokolade, nicht einmal mehr Imhoffs eigene »Susi«-Kette.

Imhoff packte die Badehose ein und hetzte nach Bullay zurück. Die Auftragslage war katastrophal – und eine neue teure, fast 100 Meter lange Produktionsstraße aus Frankreich wurde gerade aufgebaut. Sie bedeutete Millionen-Schulden und würde 400 Tafeln Schokolade pro Minute ausspucken – die keiner haben wollte. War das das Ende?

»Die Schnelligkeit des Erkennens einer Chance für ihn«, das hatte Konkurrent Professor Peter Ludwig als Imhoffs größte Stärke ausgemacht. Diesmal, mit den Hacken über dem Abgrund, dauerte es 24 Stunden. Dann hatte Imhoff einen Ausweg gefunden.

Der Run auf die billige Markenschokolade hatte zu Lieferschwierigkeiten der Edelfirmen geführt. Sie konnten nicht genug produzieren. Er konnte nichts verkaufen. Da lag ein gemeinsames Interesse von Siegern und Besiegten. Am Tag nach seiner Ankunft in Bullay saß Imhoff schon wieder im Auto – unterwegs zu einem Termin mit den beiden Geschäftsführern von Tobler in Stuttgart. Ungläubig vernahmen sie sein Angebot: Er wolle ihnen aus Bullay in etwa vier Wochen Schokolade in garantierter Tobler-Qualität liefern. So etwas pflege Monate zu dauern, belehrten ihn die Herren vom Schokoladenadel. Imhoff: »Ich verwette meine Fabrik gegen einen alten Marmeladeneimer.«

Am nächsten Tag besichtigten die zwei Skeptiker Bullay. Und drei Tage später war der Vertrag unterschrieben: Imhoff sollte in den nächsten zwölf Monaten 3000 Tonnen Tobler-Schokolade produzieren. Und am 12. und 13. September 1964 wurde auf dem ersten Bullayer Herbstfest –

mit Ochsen am Spieß und »Bullayer Brautrock« – die neue und modernste Schokoladenstraße Europas von Savy, Jean Jean, Paris, von Imhoff eingeweiht.

Noch vor dem Ablauf der Ein-Jahres-Frist war ein Fünf-Jahres-Vertrag daraus geworden, der dann in einen Zehn-Jahres-Vertrag über je 1800 Tonnen pro Jahr umgewandelt wurde. Imhoff konnte durchatmen. In tiefer Krise war Bullay langfristig gewinnbringend ausgelastet. 20 Jahre Illiquidität waren vorüber.

Zu jener Zeit hatte Hans Imhoff begonnen sich für Politik zu interessieren. Zunächst wurde er – parteilos – zum Leiter des Gemeindeverbandes gewählt. Als die Volksschule Bullay neue Schulbänke brauchte, drückte er das niedrigste Angebot noch einmal um zwölf Prozent. Die Berufspolitiker waren baff. Später trat er in die CDU ein, wurde in den Kreistag gewählt und Delegierter des Bezirkstages. Der Vorsitzende der CDU-Fraktion im Mainzer Landtag kam zu Besuch nach Bullay. Sein Name war Helmut Kohl. Hans Imhoff spendierte ihm für die CDU-Zentrale in Mainz eine Adrema-Anlage im Wert von 30 000 Mark. Doch selbst für den Landtag zu kandidieren lehnte er ab. »Da hätte ich meine geschäftlichen Interessen vernachlässigen müssen.« Und soweit ist es im Leben des Hans Imhoff noch nie gekommen.

Er stieg in das Geschäft mit Schokoladendragees mit Nüssen und Rosinen ein, produzierte verstärkt Schokoladen-Hohlkörper – wie Osterhasen und Weihnachtsmänner –, legte jeder Tafel Schokolade einen Jerry-Cotton-Krimi in Klarsichtfolie bei und lieferte sich eine erbitterte Schlacht mit dem Rivalen für Konsumschokolade, Kirk Lawton (»Venetia«). Lawton schien zunächst der Stärkere, geriet aber in Zahlungsschwierigkeiten, setzte sich nach London ab und Imhoff kaufte aus der Konkursmasse »Venetia«.

Indes: Nicht nur Erfolge säumten Imhoffs Weg. 1969 versuchte er die Schokoladenstäbchen »Imhoff – knick und iß« in den Markt zu plazieren. Als der Versuch zehn Millionen gekostet hatte, brach er ihn ab. Imhoff: »Damit bin ich auf die Schnauze gefallen.« Dabei war die Idee vielleicht nur verfrüht. Jahre später wurde »Ritter-Sport« mit Knick-Effekt zum Trendsetter unter den deutschen Marken-Schokoladen.

In eine traditionelle Marke einzusteigen, das war von Jahr zu Jahr ein dringlicheres Ziel Imhoffs. Nur dort sah er Zukunft. 1968 witterte er eine erste Chance. Er hörte, daß die Berliner Traditionsfirma Hildebrand, die älteste deutsche Schokoladenfabrik, in Nöten sei.

Theodor Lorenz Heinrich Hildebrand, Sohn des Stadtchirurgen von Greifswald, hatte sich 1812 mit 21 Jahren selbständig gemacht und im Keller von Berlins Heiligengeiststraße 20 eine Pfefferküchlerei eröffnet. Sie florierte. Fünf Jahre später zog er mit seiner Familie um ins Zentrum Berlins, in die Spandauer Straße 47. Dort stellte er Anfang der vierziger Jahre des vergangenen Jahrhunderts im Schaufenster eine Dampfmaschine von 4 PS auf, die eine Schokoladenwalze trieb. Nachdem der Gründer des ständig wachsenden Unternehmens aus dem Betrieb ausgeschieden war, baute er sich ein Haus in einer Seitenstraße des Tierparks, die später seinen Namen trug. Seiner Frau Caroline, die auf dem Balkon ihr Frühstück einzunehmen pflegte, rief der vorbereitende alte General »Papa« Wrangel einmal zu:

»Madame Hildebrand, Sie müssen sich aber da oben Blumen anpflanzen lassen.« – »Dann kann ick Ihnen ja nich
mehr sehen, Herr Jeneral«, antwortete Frau Hildebrand.

Schon im »Stechlin« von Preußens Sänger Theodor Fontane (1819–1898) wurde der »Pfefferküchler Hildebrand«
erwähnt. 1888 zog das Unternehmen um in die Pankstraße
und um die Jahrhundertwende war Hildebrand zur Weltmarke geworden. Seine Ansprache zum hundertjährigen
Jubiläum der Firma im Ersten Weltkrieg beendete ein
Theodor Hildebrand der 3. Generation mit dem Ruf: »Wilhelm II., Kaiser von Deutschland, König von Preußen, lebe
hoch, hoch, hoch.« 1934 entwickelte das Unternehmen – im
Staatsauftrag –, die munter machende »Fliegerschokolade«
mit Coffein, SCHO-KA-KOLA. Im Krieg wurde die Fabrik
zerbombt. Ein junger Theodor Hildebrand der sechsten
Generation errang nach dem Zweiten Weltkrieg in den
sechziger Jahren für den Bau eines Computers einen Preis
in der »Stern«-Aktion »Jugend forscht«. Doch die Schokoladen-Produktion geriet in Bedrängnis.

Da übernahm Hans Imhoff die Firma – samt aller steuer-
lichen Vorteile eines Betriebes in Berlin. Mit Unterstützung
des Senats baute er in Marienfelde auf einem 25 000 Quadratmeter großen Gelände ein neues Werk, wieder einmal
die modernste Schokoladenfabrik Europas, für rund 500
Mitarbeiter. Mehr als 100 Millionen Mark wurden von ihm
bis heute in Berlin investiert.

Mit Hildebrand hatte Imhoff eine tradionelle Marke erworben. Aber es war ihm nicht genug. Er wollte mehr. Und
er wußte was. 1969 schlenderte er mit einigen Hildebrand-
Mitarbeitern abends über den Kurfürstendamm. Die Grup-

119

pe kam an einer großen Stollwerck-Leuchtreklame vorbei. Da sagte Imhoff – laut Biograph Joest – zu seinen Begleitern: »Ich weiß, daß ihr jetzt denkt, ich spinn mal wieder, aber eines Tages gehört der Laden mir.«

Der kleine Junge aus der Kölner Altstadt, der einst dem Schokoladenduft von Stollwerck durch die Straßen gefolgt war, hatte die Fährte nie verloren. Als die Universität Witten Imhoff den Titel eines Ehrendoktors der Wirtschaftswissenschaftlichen Fakultät verlieh, hielt Dr. Jörn Kreke, Vorsitzender des Vorstands der Douglas AG, die Laudatio und erinnerte an einen Ausflug, bei dem Imhoff ihm einen seiner »Susi«-Läden zeigen wollte: »Ich werde unsere gemeinsame Autofahrt im Frühjahr 1964 nie vergessen, als Sie, lieber Herr Imhoff, mir von Ihrer ›Vision Stollwerck‹ erzählten. Das war zu einer Zeit, als von einer Krise bei Stollwerck überhaupt noch nicht die Rede war. Doch schon damals sprachen Sie davon, daß der Stollwerck-Vorstand die Zeit verschlafen würde, und daß dies in Anbetracht des vorhandenen Potentials eine Schande sei. Hans Imhoff lag damals im wahrsten Sinne des Wortes schon auf der Lauer. Er wollte Stollwerck besitzen, um sich selbst und der Branche zu beweisen, daß es ging. Er hatte eine Vision und er ließ sich durch nichts davon abbringen.«

Acht Jahre nach dieser Autofahrt wurde die Vision Wirklichkeit: Hans Imhoff griff nach Stollwercks Krone.

VII
Die Stollwercks

Die Stollwercks

Die Geschichte keiner deutschen Schokoladenfirma ist der Geschichte des Hauses Stollwerck vergleichbar. Sie führte in glanzvolle Höhen und durch düstere Tiefen.

Franz Stollwerck wurde am 6. Juni 1815 in Köln geboren, zwölf Tage bevor Napoleon bei Waterloo aufs Haupt geschlagen wurde. Sein Vater war Wollspinner, seine Mutter Brauers-Tochter. Auch der Sohn erlernte ein Handwerk – er wurde Bäcker.

1839 heiratete Franz Stollwerck mit 24 Jahren Anna Sophia Müller aus Lechenich und machte sich selbständig. In der Blindgasse 37 in Kölns Altstadt stellte er »Mürbewaren« her und verkaufte nebenbei Obstkuchen, Schokolade und Aachener Printen. Das war die Geburtsstunde des Hauses Stollwerck.

Bald konnte er in derselben Straße ein eigenes, etwa 120 Quadratmeter großes Grundstück erwerben: Blindgasse 12. Spezialität seiner dortigen »Conditorei und Bonbonfabrik« wurden »Brustbonbons«.

Als er nebenbei auch noch begann »Wurmkügelchen« zu vertreiben, gab es Ärger mit Apothekern. Franz Stollwerck rief die Regierung an. In einem Ministerialerlaß vom 2. Januar 1846 entschied sie, daß es den Konditoren des preußischen Staates nicht verwehrt sei, »Karamellen, Bonbons und andere Waren zu verkaufen und anzuzeigen, die ohne ärztliche Verordnung als Hausmittel, nicht aber als Arzneimittel« anzusehen wären.

Im nächsten Jahr erhielt Franz Stollwerck den Titel »Hoflieferant« des in Düsseldorf residierenden Prinzen Friedrich von Preußen. 1855 errang er einen ersten Preis auf der Pariser Weltausstellung. 1860 gewann er einen Prozeß gegen die »Gartenlaube«, die seine Karamellen als fragwürdiges Wundermittel eingestuft hatte (10 Taler Geldstrafe).

1864 erwarb Franz Stollwerck das Grundstück Hohe Straße 9 für seine Fabrik. Fast 900 Vertretungen in Deutschland und den meisten europäischen Ländern vertrieben nun schon seine Brustbonbons. Für Köln war er der »Kammelle-Napoleon«.

Doch Bonbons reichten dem »Kammelle-Napoleon« nicht aus. Er fabrizierte und vertrieb nebenbei auch sowohl ein Duftwasser »Eau de Cologne« als auch Liköre und eröffnete Cafés, Gastwirtschaften und Theaterbetriebe, so das »Café Royal«, das »Deutsche Kaffeehaus« und das »Vaudeville-Theater«. Am Rheinufer der südlichen Altstadt baute er schließlich eine »Königshalle« mit 2400 Sitzplätzen.

Franz Stollwerck hatte fünf Söhne in zwei Altersgruppen; der älteste war 19 Jahre älter als der jüngste:

Albert Nicolaus Stollwerck	1840–1883
Peter Joseph Stollwerck	1842–1906
Heinrich Stollwerck	1843–1915
Ludwig Stollwerck	1857–1922
Carl Stollwerck	1859–1932

Zunächst rückten – nach gründlicher Ausbildung in fremden Firmen – die drei ältesten in den väterlichen Betrieb ein. Ab 1869 hieß das Unternehmen »Franz Stollwerck & Söhne« und bezeichnete sich selbst als »Dampf-, Schokoladen-, Bonbons-, Dragées-, Marzipan-, Tragant- und Zuckerwaren-Fabrik«.

Wie so oft in Familienunternehmen kam es bald zum Generationskonflikt zwischen dem autoritären Vater und den aufbegehrenden Söhnen. »Gib uns, was uns rechtlich zukommt«, schrieb der älteste, Albert Nicolaus Stollwerck, an den Vater, »und wir Brüder sind bereit, das väterliche Haus auf immer zu verlassen...« Er wolle »die auf uns Brüdern lastenden despotischen Fesseln« lösen. Und: »Du hast keinen Freund. Du willst auch keinen Sohn mehr.«

1871, in dem Jahr, an dessen Beginn Fürst Bismarck nach gewonnenem Krieg gegen Frankreich in Versailles Preußens König zu Deutschlands Kaiser ausgerufen hatte, gründeten die drei Söhne mit einem Kapital von 40 000 Talern ihr eigenes Unternehmen »Gebrüder Stollwerck«; die beiden Jüngsten stießen in den nächsten fünf Jahren dazu.

Die »Gebrüder Stollwerck« vertrieben die Brustbonbons, die ihr Vater herstellte und intensivierten das Schokoladen- und Zuckerwaren-Geschäft in ihren Betrieben hinter der alten Severinskirche.

1873 erhielten sie die »Fortschrittsmedaille« der Wiener Weltausstellung, wurden Hoflieferanten des Kaisers von Österreich und trugen sich als »Kaiserlich-Königliche Hof-Chocoladen-Fabrik Gebr. Stollwerck« ins Handelsregister ein.

Im März 1876 schloß Vater Franz Stollwerck im Alter von

61 Jahren für immer die Augen. Der »Kammelle-Napoleon« war tot, die Schokoladen-Garde trat an. Nach fünfjähriger Trennung verschmolzen die Stollwerckfirmen von Vater und Söhnen miteinander.

Strahlend wie das junge Kaiserreich blühte das Unternehmen auf. Schokolade wurde sein Fundament. In allen für ihre Herstellung und ihren Verkauf wichtigen Bereichen beschritten die Stollwerck-Brüder Neuland oder leiteten sogar bahnbrechende Entwicklungen ein: in der Produktion, im Vertrieb und in der Werbung.

Heinrich, der mittlere Stollwerck-Bruder, war der Techniker. Schon 1873 war sein »Stollwerck-Chocoladen-Walzstuhl« vom Preußischen Patentamt patentiert worden. Er hatte fünf vertikal übereinanderliegenden Granitwalzen für die Schokoladenmasse.

Das war eine wesentliche Verbesserung gegenüber den bisher führenden französischen Modellen mit drei Walzen. Es bedeutete nicht nur eine beträchtliche Raumersparnis. Heinrich Stollwercks Walzstuhl lieferte auch die vierfache Menge in gleicher Zeit. Er steht heute im Schokoladen-Museum zu Köln.

1877 hatten die Stollwercks drei Antriebsmaschinen mit insgesamt 84 PS in Betrieb, am Ende des Jahrhunderts waren es bereits 950 PS. 1886 baute Heinrich Stollwerck einen Dampfkessel von 780 Quadratmetern Heizfläche – jahrelang der größte in Europa. Er konstruierte und verbesserte Kühlmaschinen, Mischmaschinen und Röstmaschinen.

Die Stollwercks richteten auf sein Drängen eine eigene Maschinenbau-Abteilung in einer 100 Meter langen und 40 Meter breiten Halle ein, die nicht nur den eigenen Betrieb, sondern auch fremde Unternehmen belieferte. Sie beschäftigte in ihren besten Jahren nach der Jahrhundertwende bis zu 180 Arbeiter.

1883 verunglückte der älteste Stollwerck-Bruder Nicolaus tödlich im Alter von nur 43 Jahren auf einer Palästina-Reise zwischen Jaffa und Jerusalem. Der Platz an der Spitze wurde frei. Ihn sollte der Zweitjüngste Ludwig Stollwerck einnehmen. Er wurde im Lauf der Jahre primus inter pares.

Schriftlich wurde von den Stollwerck-Brüdern festgelegt: »Der strenge Grundsatz der Firma ist, Nahrungs- und Genußmittel nur aus besten, gesunden Rohmaterialien herzustellen.«

Ludwig Stollwerck richtete der Firma ein eigenes Labor ein und setzte auf zwei verwegene Neuerungen für Werbung und Vertrieb: auf Automaten und Sammelbilder.

Mitte des vergangenen Jahrhunderts hatte der Londoner Ingenieur Parzival Everitt die Erfindung eines automatischen Warenverkäufers beim englischen Patentamt angemeldet. Eine Aktiengesellschaft übernahm die Vermarktung der Geräte.

Sobald Ludwig Stollwerck davon erfuhr, begann er sich dafür zu interessieren und ab 1887 setzte Stollwerck Schokoladen-Automaten ein. Die ersten waren wahre Ungetüme: zwei Meter hoch und 150 Kilo schwer. Aus ihnen gab es Täfelchen für einen Groschen.

Schon nach sechs Jahren machte Stollwerck mit 15 000 aufgestellten Automaten 1,2 Millionen Mark Jahresumsatz; selbst in Amerika standen die stummen Verkäufer. Und noch einmal zwei Jahre später bot Stollwerck 16 verschiedene Automaten-Modelle an, vom »Universum« mit einem Spiegel bis »Mercur« mit einer Spieluhr. Die Firma sicherte sich Patent auf Patent.

Das Geschäft der Automaten-Abteilung – Konstruktion und Patente, Bau und Verkauf – wurde so umfangreich, daß es 1894 vom Stammhaus abgetrennt und in eine eigene Firma überführt wurde: Die »Deutsche Automatengesellschaft Stollwerck & Co«.

Sie entwickelte sowohl Automaten für Fahrkarten und für Kölnisch Wasser wie auch zum Wiegen, für Zigaretten oder Seife. Über ein Vierteljahrhundert war sie weltweit führend und verkaufte über 300 000 Automaten im Jahr.

Etwa zur gleichen Zeit und mit vergleichbarem Erfolg startete Ludwig Stollwerck einen Bilder-Boom. Bilderbogen mit erzählendem oder belehrendem Inhalt – kultivierte Vorläufer der heutigen Comic strips – waren bereits Anfang des vergangenen Jahrhunderts beliebt.

In den dreißiger Jahren begannen Schokoladenhersteller ihrer Ware Bilder beizulegen. 1860 brachte Stollwerck seine ersten »Bilder-, sowie Photographieschokoladen« heraus – mit Serien von Landschaften oder Bauwerken, Kaisern und Nationaltrachten, Tieren und Blumen.

Ludwig Stollwerck regte an: »Zwölf Apostel gäben zwei hübsche Gruppen; das Vaterunser ließe sich in einer Gruppe auch hübsch illustrieren.« Im siegreichen Krieg 1870/71 veröffentlichte Stollwerck eine Serie der deutschen Heerführer.

Als Briefmarkensammler hatte Ludwig Stollwerck den Gedanken, genau wie für Postwertzeichen auch für Stollwerckbilder Sammelalben herauszugeben (»Gern möchte ich einen recht schönen, farbenfreudigen Umschlag haben«). Die Alben hatten erst ein Format von 37 × 27, dann von 26 × 23 cm.

Die Idee schlug ein. Gegen Ende des Jahrhunderts heizten jährlich 50 Millionen Stollwerckbilder und 100 000 Stollwerckalben den Schokoladenkonsum an.

Wie stets war für Stollwerck das Beste gerade gut genug. Bedeutende zeitgenössische Künstler gestalteten die Stollwerckbilder: Von Max Liebermann bis Otto Modersohn, von Walther Leistikov bis Heinrich Vogeler.

Um die Jahrhundertwende erwarb Stollwerck für 120 000 Mark die Aquarelle von Adolph Menzels großem Werk über die Uniformen der friderizianischen Armee für eine Bilderserie. Die Originale schenkte Ludwig Stollwerck später vermutlich Kaiser Wilhelm II., als er zum »Kommerzienrat« ernannt wurde.

Stollwerck marschierte von Sieg zu Sieg. Professor E. Doepler von der Berliner Kunstakademie entwarf das Firmenzeichen. Das Unternehmen erhielt 13 Ernennungen als »Hoflieferant«, darunter vom türkischen Sultan und vom Prinzen von Wales.

Als das Deutsche Reich 1884 Togo und Kamerun zu Kolonien machte, brachte Stollwerck schwarze »Kamerun-Lakritzen« auf den Markt.

1893 erregte die deutsche Firma auf der Weltausstellung in Chicago mit einem Schokoladentempel Aufsehen – er war 12 Meter hoch und 300 Zentner schwer. In ihm stand eine Kopie der »Germania« vom Niederwalddenkmal bei Bingen am Rhein, ebenfalls aus Schokolade.

Von 1896 bis 1899 verdoppelte sich Stollwercks Schokoladenumsatz in Deutschland. 1900 verarbeitete der Konzern ein Viertel des gesamten ins Reich gelieferten Rohkakaos.

Zwei Jahre danach wurde die Firma in eine Aktiengesellschaft »Gebrüder Stollwerck AG« umgewandelt. Von dem Aktienkapital von zunächst 14 Millionen, blieben 9,5 Millionen in der Familie. Der Rest ging als Sechs-Prozent-Vorzugsaktien meist an Banken.

Als erster Angehöriger der dritten Generation trat Gustav Stollwerck in den Vorstand ein. Sein Vater, Peter Joseph Stollwerck, starb drei Jahre später.

Eine Sensation des Weihnachtsgeschäftes 1903 war die »Sprechende Schokolade«, ein Phonograph von Thomas Alva Edison, der sowohl Hartgummi- als auch Schokoladen-Platten abspielen konnte. Ludwig Stollwerck hatte den genialen Erfinder dafür zweimal in Amerika besucht.

1905 beschäftigte der Konzern 2500 Mitarbeiter. Im nächsten Jahr entstand das Stollwerck-Haus an Kölns Hohe Straße und in der Südstadt wurde das Firmengelände von 23 000 auf knapp 50 000 Quadratmeter erweitert. Hinter der alten Severinskirche erstreckte sich die prachtvolle Stollwerck-Fabrik über zwei Straßenzüge bis zum Rhein.

Für die Belegschaft gab es freiwillige soziale Leistungen wie Betriebskrankenkasse oder Lohnfortzahlungen im Urlaub. Ein Speisehaus und eine Bibliothek, Erholungs- und Waschräume standen ihr zur Verfügung. Stollwercks Männergesangverein »Theobromina« sang das hohe Lied der Firma.

In Berlin war ein mächtiges Zweigwerk gebaut und von Heinrich Stollwerck mit den modernsten Maschinen ausgestattet worden. Im Ausland produzierte Stollwerck in eige-

nen Fabriken in Wien und Mailand, Budapest und Preßburg, in Holland und Frankreich, England und Amerika.
Das US-Werk in Stamford (Connecticut) bei New York war
die zweitgrößte Schokoladenfabrik Amerikas, Stollwerck
weltweit führender Anbieter von Schokolade.

1913 erreichte der Umsatz die Rekordmarke von 35 Millionen Mark – von 1889 bis 1914 hatte sich der Umsatz ver-
achtfacht. Die Stollwercks waren Goldmark-Millionäre.

Da fielen die tödlichen Schüsse von Sarajewo. Ein serbi-
scher Attentäter ermordete Österreichs Thronfolger. Der
Erste Weltkrieg brach aus.

Mit dem Krieg stieg zunächst der Umsatz. Stollwerck
brachte »Kaiser-Schokolade«, »Hindenburg-Schokolade«
und »Treuebund-Schokolade« auf den Markt. »Kriegs-
Gold« und »Kriegs-Silber« wurden als doppelte Feldpost-
briefe à 225 Gramm angeboten. Lazarette bestellten große
Mengen Schokolade. Und Kaiser Wilhelm II. orderte 1914
zu Weihnachten 51 500 Tafeln mit seinem Konterfei.

Der Geschäftsbericht von 1914 frohlockte: »Die Kakao-
und Schokoladenindustrie insbesondere wurde reichlich beschäftigt. Der Nähr- und Kräftigungswert von Schokolade
und Kakao fand nicht nur bei den Proviant- und Lazarett-
Verwaltungen der Armee und Marine sondern auch den An-
gehörigen der im Felde stehenden Truppen die gebührende
Anerkennung.«

Stollwerck machte 1,9 Millionen Mark Reingewinn,
200 000 Mark mehr als im letzten Friedensjahr.

1915 wurde der Gewinn noch einmal erhöht, auf 2,1 Millionen Mark. Das Geschäft im neutralen Amerika wuchs. Im
Herbst spendete Stollwerck zehn Tonnen Schokolade an die

von Generalfeldmarschall von Hindenburg befehligten Truppen des Ostheeres.

Der Oberbefehlshaber Ost bedankte sich mit einem maschinengeschriebenen Sechszeilen-Brief ohne Anrede an die »Herren Gebrüder Stollwerck«:

»Sie hatten die große Güte, anläßlich meines Geburtstages für die mir unterstellten Truppen 10 000 Kilo Schokolade zu stiften. Nehmen Sie dafür meinen verbindlichen Dank entgegen. In hervorragender Weise haben Sie durch Ihre hochherzige Spende dazu beigetragen, den Soldaten der mir anvertrauten Armeen einen großen Genuß und eine Freude zu bereiten.«

Dennoch tauchten in jenem zweiten Kriegsjahr erste Schatten auf. Im Mai hatte sich ein Unglück in der Kölner Fabrik ereignet: Ein Dampfkessel war explodiert. Heinrich Stollwerck, der Techniker, wurde verletzt und starb im Alter von 72 Jahren an den Folgen einer Gehirnerschütterung.

Nach Nicolaus und Peter Joseph Stollwerck war damit auch der letzte der drei älteren Stollwerck-Brüder tot. Die Macht der Familie im Unternehmen nahm ab.

Gegen Ende des Jahres zeichnet sich eine Kontingentierung beim Zucker ab. Ludwig Stollwerck quälte der Gedanke »womöglich 2000 Leute entlassen zu müssen, ich sah das ganze Automatengeschäft schon ruiniert«.

Anfang 1916 erließ Schweden auch noch ein Ausfuhrverbot für Rohkakao. Seit Kriegsausbruch hatten sich die Preise für Kakaobohnen zwar bereits mehr als verdoppelt, aber über die Tochterfirma in USA und das neutrale Schweden war der notwendige Rohstoff wenigstens immer erhältlich gewesen. Nun reichte der Vorrat nur noch bis zum Frühjahr.

Versorgungsschwierigkeiten und Rohstoffmangel führten zum Zusammenbruch der Produktion in fast allen Zweigwerken. Stollwerck verlegte sich auf die Herstellung von Suppen aus Mehl, Getreidekeimen oder Gerste und zuckerhaltige Nahrungsmittel.

1917: Deutsche hungerten in der Heimat und verbluteten im Stellungskrieg. Ludwig Stollwerck dachte schon an die Zeit danach: Seinem Sohn Fritz entwickelte er »Zukunftsgedanken« über neue Produkte, neue Verpackungen, neue Vertriebswege.

Doch nur wenige Tage später hatte ihn die Realität wieder eingeholt: Amerika erklärte Deutschland den Krieg. Die Stollwercktochter in USA wurde unter Zwangsverwaltung gestellt. Von 1914 bis 1917 hatte sie ihren Umsatz von 2,2 Millionen Dollar auf 4,1 Millionen Dollar fast verdoppelt. Nun war sie verloren. In Köln wurde Konrad Adenauer Oberbürgermeister.

Das letzte Kriegsjahr brach an. »Welch' schwere Stunden macht unser Vaterland durch«, schrieb Ludwig Stollwerck an den späteren Kanzler und Außenminister Gustav Stresemann, der Ludwig Stollwerck wenig später brieflich um »ein kleines Quantum Hustenbonbons« bat.

Der Kaiser floh nach Holland. Im November unterzeichnete Deutschland im Wald von Compiègne das, was Ludwig Stollwerck »die furchtbaren Waffenstillstands-Bedingungen« nannte. Schon einen Monat darauf wurde die US-Tochter des Stollwerck-Konzerns versteigert. Für nur 1,5 Millionen Dollar fiel sie an die Süßwarenfirma Touraine Chocolate Co. aus Boston. Der Erlös wurde eingefroren.

Revolution schwappte durch das Land. Anfang 1919 besetzte der linke »Spartakus Bund« auch einige Tage die Stollwerck-Fabrik. Frankreich besetzte das linke Rheinufer – einschließlich Kölns mit Stollwercks Stammwerk.

Sechs Monate nach der deutschen Kapitulation konnte erstmals wieder Schokolade produziert werden. Doch nur in kleinen Mengen und wegen der herrschenden Zuckerknappheit nur Bitter-Schokolade. Die bitteren Sorgen dagegen wuchsen turmhoch.

Die Mark verfiel, Auslandsschulden aus Kriegszeiten mußten zurückgezahlt werden, Investitionen für die Zweigwerke in Berlin und Wien wurden unumgänglich. Selbst die »Deutsche Automatengesellschaft«, einst ein Dukatenesel des Hauses, mußte wegen der Inflation vorübergehend den Betrieb einstellen. Und aus den USA war auch 1921 für das enteignete Werk noch keine Zahlung eingegangen.

Ludwig Stollwerck sprach von der »entsetzlichen täglichen Seelenqual« um das Familienunternehmen und blieb im Dezember jenes Jahres erstmals in seinem Leben einer Aufsichtsratssitzung fern. Am 12. März 1922 starb er. Das Schicksal hatte den 65jährigen zermürbt. Am gleichen Tag, an dem das Herz des wohl bedeutendsten aller Stollwercks stillstand, wurde in der Kölner Altstadt einem Schlossermeister ein Sohn geboren, der 50 Jahre später den Stollwerck-Konzern übernahm, ihn in neue Höhen führte und noch heute besitzt: Hans Imhoff.

Das wirtschaftliche Zwischenhoch in den goldenen zwanziger Jahren reichte nicht aus, die enormen Verluste wettzumachen, die Stollwerck im Krieg erlitten hatte. Es fehlte die unternehmerische Persönlichkeit auf der Brücke. Prokuristen rückten in den Vorstand ein.

Die monarchistische Einstellung im Krieg hatte dem Unternehmen überdies die erbitterte Feindschaft der Linken eingetragen. Der »Berliner Herold« verkündete: »Stollwercks sind stramme Antirepublikaner.« Die »Sozialistische Republik« nannte das Unternehmen »die reaktionäre Firma Stollwerck«, die »Hundelöhne für die Arbeiter« zahle.

Stollwerck suchte sein Heil mit einem Ausflug in die Billigware zu erzwingen. Der Umsatz stieg tatsächlich, aber die Massenware erschwerte den Absatz der Markenartikel und die Rendite schrumpfte.

Eine endlich eingehende Zahlung für das enteignete US-Werk in Stamford wurde in das Automatengeschäft gesteckt, dessen Höhepunkt weit überschritten war.

Der Vorstandsvorsitzende und letzte der fünf Stollwerck-Brüder, Carl Stollwerck verlegte seinen Wohnsitz aus dem Rheinland ins ferne Bayern. Auf seinem Gut »Hohenfried« feierte er am 6. November 1929 dort seinen 70. Geburtstag – 13 Tage nach dem Kurssturz an der New Yorker Börse, der die Weltwirtschaftskrise auslöste.

Stollwerck strebte zu jener Zeit Rettung durch den Verbund mit einer anderen Markenfirma an und übernahm 1930 die angeschlagene Reichardt-Gruppe. Sie war aus der 1892 in Halle an der Saale gegründeten »Kakao-Versand-Kompagnie Theodor Reichardt« entstanden. Aber beim Kauf wurden Fehler gemacht und zwei Kranke ergaben keinen Gesunden.

1931 entstand ein Verlust von 3,4 Millionen Mark. Der Verantwortliche, Carl Stollwerck, legte den Vorstands-Vorsitz nieder (und starb im nächsten Jahr); seine Verwandten Franz und Fritz J. Stollwerck schieden aus dem Vorstand aus.

92 Jahre nach der Geschäftsgründung – so schrieb Hans-Josef Joest in »Das Abenteuer einer Weltmarke« – arbeitete nur noch ein Namensträger in der Firma: »Adalbert Stollwerck, Fabrikationsfachmann und Prokurist im Kölner Werk«.

Wieder einmal hatte sich das Prinzip bewahrheitet, daß die dritte Generation in einem industriellen Familienunternehmen oft die letzte ist. Die Deutsche Bank wurde Großaktionär, übernahm den Vorsitz im Aufsichtsrat – und sollte ihn 41 Jahre lang behalten.

Das Dritte Reich brach an. Die deutsche Wirtschaft wurde in Vierjahres-Plänen organisiert. Betriebsräte wurden abgeschafft. Viele Arbeiter und Angestellte, besonders jene, denen es nun wieder wirtschaftlich besserging als in der Weltwirtschaftskrise, traten in die NSDAP ein. Bis auf eine Ausnahme gehörten am Ende des Zweiten Weltkriegs alle Vorstandsmitglieder von Stollwerck – wie in Deutschland oft üblich – der Partei an.

Um Devisen zu sparen und vom Ausland weniger abhängig zu sein, wurden Rohstoffeinfuhren vom NS-Staat kontingentiert. Schlüssel für die Zuteilung war der Verbrauch vor 1933.

Dadurch erwies sich der Erwerb der Reichardt-Gruppe, der zunächst nicht das gewünschte Ergebnis gebracht hatte, für Stollwerck nachträglich als Glücksfall: Das Unternehmen erhielt nun mehr als doppelt so viele Kakaobohnen, wie es ohne Reichardt erhalten hätte.

Stollwerck faßte wieder Tritt. Zwar wurden die Kontingente für Rohkakao immer weiter herabgesetzt, aber gleichzeitig die Reinheitsgebote gelockert und der Mindestgehalt von Kakao in Schokolade herabgesetzt. So kam Stollwerck

1938 mit halb soviel Kakao aus, wie 1934 und konnte dennoch mehr produzieren.

Am 1. Mai 1937 wurde der »Gebrüder Stollwerck A.G.« durch Hitler die Bezeichnung »Nationalsozialistischer Musterbetrieb« verliehen. Wörtlich heißt es in der Urkunde: »Mit der Überreichung dieser Urkunde erhält die Betriebsgemeinschaft das Recht, die Flagge der Deutschen Arbeitsfront mit goldenem Rand und goldenen Fransen zu führen.«

Zwei Jahre später, 1939, feierte Stollwerck seinen 100. Geburtstag. Der Konzern beschäftigte jetzt 4500 Menschen. Der Umsatz betrug 41 Millionen Mark, der Gewinn 650250 Mark.

Doch im gleichen Jubiläumsjahr brach der Zweite Weltkrieg aus. Und zum zweiten Mal wurde Stollwerck verheerend in Mitleidenschaft gezogen. Bis 1941 schrumpfte der Umsatz auf 24 Millionen und wurde damit fast halbiert. 1942 wurde angesichts der angespannten Kriegslage die Verarbeitung von Rohkakao zu kakaohaltigen Erzeugnissen grundsätzlich verboten. Auch Zucker war schon lange rationiert. Beides führte zu zahlreichen Betriebsstillegungen.

Im gleichen Jahr legte in der Nacht zum 31. Mai 1942 die »Operation Millenium«, ein Großangriff britischer Bomber auf Köln, die Stadt in Schutt und Asche. Auch Stollwerckanlagen wurden verwüstet, so das Etikettenlager und die meisten Nebenbetriebe. Insgesamt flogen die Alliierten 262 Angriffe gegen Köln.

Die Produktion wurde im Oktober 1944 eingestellt. Im Januar 1945 vernichteten Bomben auch das Hauptkontor. Im März wurde das »Stollwerck-Haus« an der Hohen Straße schwer beschädigt und die Fabrik im Severinsviertel erneut getroffen. Der Betrieb war zu 30 Prozent zerstört. Eine hauchdünne Zuckerschicht bedeckte Teile des toten Werkes wie ein Leichentuch.

Im März 1945, zwei Monate vor der deutschen Kapitulation, rückten US-Truppen in Köln ein. Vorübergehend besetzten sie Stollwerck. Mitarbeiter begannen mit den Aufräumungsarbeiten und verteidigten verbliebene Rohstoffe gegen Plünderer. Die Arbeiterschaft gab sich wieder einen Betriebsrat.

Der Maschinenpark war erhalten geblieben, aber neuer Rohstoff für Schokolade nicht in Sicht. Das Land lag am Boden. Seine Menschen hungerten und froren und hausten in Kellern und Baracken eng aufeinander.

Im Oktober 1945 erhielt die Firma die Erlaubnis, einen Teil ihres Zuckers, der beschlagnahmt worden war, zu Weihnachten zu verarbeiten, und im Januar 1946 genehmigte die Militärregierung die Produktion von Vitamintabletten und Nudeln – die auf der Marzipanpresse hergestellt wurden. Für das Chemiewerk Bayer produzierte Stollwerck Verpackungsmaterialien, für den Kölner Großmarkt Gemüsekisten.

Im Mai jenes ersten Nachkriegsjahres 1946 bestellte der Aufsichtsrat einen Freund seines Vorsitzenden, Johann Baptist Rath, von der Deutschen Bank, zum alleinigen Vorstand: den Wirtschaftsprüfer Dr. Eberhard Weissenfeld. Unter ihm erstand Stollwerck neu aus den Ruinen.

Zunächst wurde das Werk im Severinsviertel notdürftig instand gesetzt. Dann begann eine magere Produktion: erst Kindermehl, später Zuckerwaren. Mit der Währungsreform

von 1948 aber brach auch für Stollwerck das Wirtschaftswunder an. 1949 produzierte Stollwerck täglich bis zu 50
Tonnen Zuckerwaren und erhielt den ersten Rohkakao zu-
geteilt. 1950 bot es bereits 14 verschiedene Tafelschokola-
den und Pralinen an; alle Kriegsschulden waren zurückgezahlt. 1951 wurden erstmals wieder Dividende gezahlt –
sechs Prozent. 1952 hatte das Unternehmen 2300 Automaten auf Bahnhöfen aufgestellt, 1953 beschäftigte es schon
3000 Mitarbeiter. 1955 begann der Neubau der Fabrik im
Severinsviertel, der 1960 abgeschlossen wurde. In jenem
Jahr hatte die Stollwerck-Aktie einen Höchststand von 1115
Punkten erreicht und zahlte nun 16 Prozent Dividende.

Doch in dem eindrucksvollen Neubau mit der glanzvollen
Fassade schwelte eine Krise, die Hans Imhoff früher dia-
gnostizierte, als andere. Produkte, Werbung und Marketing,
Verpackung und Sortiment hatten nicht das Tempo mitge-
halten, mit dem der Verbrauchergeschmack sich wandelte.
Das Stollwerck-Image in der Öffentlichkeit galt eher als alt-
modisch.

Als 1964 die Preisbindung für Markenschokolade zusammenbrach und im Kampf um den Markt mit noch härteren
Bandagen gefochten wurde, traten Absatzschwierigkeiten
auf.

1967 zog sich Eberhard Weissenfeld im Alter von 67 Jahren nach 21 Jahren Alleinherrschaft zurück. Aber auch der
zweiköpfige Vorstand, der an seine Stelle trat, vermochte
nicht, verlorene Marktanteile mit neuen Produkten zurück-
zuerobern.

Der Umsatz schrumpfte um elf Prozent. 1970 konnte nur
noch durch Verkauf einiger Grundstücke ein Minigewinn

von 27 277 Mark ausgewiesen werden. Zum erstenmal seit 19 Jahren zahlte das Haus den Aktionären keine Dividende.

Die Hamburger »Zeit« machte »langjährige Versäumnisse des Managements« aus, das Wirtschaftsmagazin »Capital« ernannte Stollwerck zum »Versager des Jahres«. Wie so oft, waren viele hinterher klug. Aber dürre Zweifel nur schienen möglich: Der Riese wankte.

In dieser Situation schaffte wieder einmal der Wechsel in einer einzigen Position über Nacht eine neue Lage, in der möglich wurde, was bisher unmöglich war.

Am 19. September 1970 starb Hans Janberg von der Deutschen Bank, der als Nachfolger seines Kollegen Johann Baptist Rath zehn Jahre lang den Vorsitz im Aufsichtsrat geführt hatte.

Sein Nachfolger war zwar ebenfalls Deutschbankier, aber von anderem Kaliber: Alfred Herrhausen, 40, in einer »Nationalpolitischen Erziehungsanstalt« (NAPOLA) erzogen und jüngstes Vorstandsmitglied seines Hauses.

Ein paar Monate studierte er die Misere. Dann hatte er einen Plan.

VIII
Der Machtkampf

Hans Imhoff hatte Stollwerck nie aus dem Visier verloren. »Natürlich beobachtete ich immer die ganze Branche«, sagt er, »aber Stollwerck eben immer ein bißchen genauer.« Früher als andere erkannte er die sich dort anbahnende Krise.

Schon im letzten Lebensjahr des Aufsichtsratsvorsitzenden von Stollwerck, Hans Janberg, hatte er deshalb ein Gespräch mit dem Bankier gesucht. Doch die Begegnung war nie zustande gekommen.

Nach dem Tod Janbergs im September 1970 trat Alfred Herrhausen an die Spitze des Stollwerck-Aufsichtsrats. Und noch vor Jahresende saß Imhoff ihm im Düsseldorfer Büro der Deutschen Bank gegenüber.

Die beiden Herren taxierten einander und fanden Gefallen, an dem, was sie sahen. Imhoff über Herrhausen: »Großes Kaliber.« Herrhausen über Imhoff: »Ein Mann wie Dynamit.« Ihr gemeinsamer Nenner: Die Deutsche Bank wollte mit Anstand raus aus Stollwerck, Imhoff wollte günstig rein. Der Bankier bat den Unternehmer um ein Konzept, wie Stollwerck zu retten sei.

Herrhausen war in den vorangegangenen Wochen den Dingen bei Stollwerck auf den Grund gegangen. Das Unternehmen rangierte zwar noch auf Platz sechs der deutschen Schokoladen-Industrie. Aber es verlor ständig an Boden. »Sie stehen mit dem Rücken gegen die Wand«, hatte Herrhausen den zweiköpfigen Vorstand gewarnt und auf seine Armbanduhr geklopft: »Es ist fünf Minuten vor zwölf.«

Gespräche, die er mit anderen Schokoladenherstellern über eine mögliche Kooperation führte, hatten ergeben, daß die nur an dem Namen »Stollwerck« interessiert waren, nicht an der Erhaltung des Werkes.

Hans-Josef Joest berichtete in »Abenteuer einer Weltmarke«: »Bei Sprengel in Hannover gab es konkrete Pläne, wie Stollwerck auszuschlachten sei. Die Steine der abzubrechenden Kölner Fabrik sollten günstig nach Holland verkauft werden – zum Deichbau.«

Herrhausen aber suchte kein Abbruchunternehmen, er suchte einen Sanierer. Nun glaubte er ihn in Hans Imhoff gefunden zu haben. Einen Monat nach ihrer ersten Begegnung hatte er im Januar 1971 die bittere Aufgabe, den Stollwerck-Aktionären auf der Hauptversammlung im Börsensaal der Industrie- und Handelskammer mitzuteilen, daß 1970 keine Dividende erwirtschaftet worden war. Er nahm dabei kein Blatt vor den Mund.

»Auf den Namen Stollwerck ist ohne jeden Zweifel ein Schatten gefallen … Es wurden Marktanteile verloren …

Der Abschluß ist zwar ausgeglichen, das wirtschaftliche Resultat liegt aber in der Verlustzone.

Ich bin mir der schwerwiegenden Tatsache des Dividenden-Ausfalls sehr wohl bewußt und wäre froh, könnte ich sie mit voller Überzeugung jetzt schon als einen einmaligen Unglücksfall bezeichnen.«

Aktionärs-Sprecher Kurt Fiebich hatte eine Frage: »Hat sich die Verwaltung schon einmal die Liquidation von Stollwerck überlegt?«

Alfred Herrhausen antwortete: »Wir stellen Sandkastenspiele an ...«

Was er vorhatte, um Stollwerck zu sanieren, verriet er nicht. Der Name Imhoff kam noch nicht über seine Lippen. Noch waren die beiden sich nicht einig

Imhoff bat für die Erstellung des erbetenen Sanierungskonzepts um eine Betriebsbesichtigung bei Stollwerck. Herrhausen verschaffte sie ihm im Frühjahr 1971.

Imhoff wollte – was das Aktienrecht nicht vorsah – Einsicht in die Berichte der Wirtschaftsprüfer. Herrhausen ließ sie ihm auszugsweise vorlesen.

Imhoffs Urteil über Stollwerck: »Die Moral der Mitarbeiter war angeschlagen. Der Absatz stagnierte. Die Kunden liefen weg. Der Verbraucher war irritiert. Die Konkurrenz war ganz glücklich ...«

Schließlich zog Imhoff sein Fazit: Zu viele Produkte in zu geringer Stückzahl, zu hohe Personalkosten, zu lange Produktionswege, veraltete Maschinen, Vertrieb ohne Biß, Verwaltung hoffnungslos verkrustet. Die 14 Lifte würden noch von Fahrstuhlführern bedient.

Es sei fast unmöglich, die gestellte Aufgabe zu lösen und den Laden auf Vordermann zu bringen – aber möglich.

Das war eine Sprache, die Herrhausen gefiel.

Nun schmiedeten sie gemeinsam einen Plan.

– Die Deutsche Bank besaß 46,5 Prozent der Stollwerck-Aktien. Imhoff sollte sie ihr über die Schweizerische Kreditanstalt in zwei Tranchen abnehmen, eine Hälfte gleich, auf

die andere erhielt er eine Option. Zunächst verlangte Herrhausen 400 Mark pro 100-Mark-Aktie, dann einigte man
sich auf 200 Mark. Das waren insgesamt 36 Millionen Mark.

– Imhoff würde außerdem einen langfristigen Kredit der
Deutschen Bank in Höhe von 40 Millionen zu günstigen
Konditionen erhalten.

– Noch in dem laufenden Jahr 1971 sollte Imhoffs Generalbevollmächtigter Hermann Neuhaus Vorstandschef
bei Stollwerck werden, 1972 würde anschließend Imhoff
an Herrhausens Stelle den Aufsichtsrats-Vorsitz übernehmen.

Imhoff und Herrhausen spielten hoch. Der eine riskierte
sein Vermögen, der andere seine Karriere bei der Deutschen Bank, in deren Vorstand er gerade erst gewählt worden war. Aber sowohl Herrhausen wie Imhoff waren entschlossen, nicht zu scheitern.

Die Operation lief an. Im August 1971 verabschiedete
Herrhausen Stollwercks Vorstandsvorsitzenden Alfred
Geimer.

»Wir haben uns von ihm auf honorige Art getrennt«, erklärte er im »Spiegel«, »weil wir für Stollwerck eine etwas
andere unternehmerische Potenz brauchen.« Im Dezember
1971 wurde Imhoffs Generalbevollmächtigter Hermann
Neuhaus neuer Stollwerck-Boß.

Hermann Neuhaus, Jahrgang 1931, hatte einst gemeinsam
mit Herrhausen Betriebswirtschaft in Köln studiert. Dann
war er Gesellschafter in der von seinem Großvater gegründeten Schokoladenfabrik Karina in Herford geworden und
1964 als Generalbevollmächtigter bei Imhoff in Bullay eingetreten. Imhoff: »Einen Mann von diesem Format hatte

ich nie vorher an meiner Seite. Er war kompliziert, aber der Beste.«

Imhoff imponierte damals, daß Neuhaus bei Vertragsverhandlungen vorgeschlagen hatte, ihm solange nichts zu zahlen, bis Imhoff wisse, wie gut er sei. Imhoff: »Das hatte mir noch keiner angetragen.«

Sieben Jahre später standen die beiden Männer vor der schwierigsten Aufgabe ihres Lebens, der Stollwerck-Sanierung. Mit Herrhausen war Imhoff sich im Prinzip einig, aber bevor er einen Vertrag mit der Deutschen Bank unterzeichnete, hatte er vor deren Düsseldorfer Büro auf der Königsalle noch ein Gespräch unter vier Augen mit Neuhaus.

Was ihnen beiden bevorstände, meinte Imhoff, sei ein Spiel in einer anderen Liga, mit anderem Einsatz, zu anderen Bedingungen. »Machen Sie mit?«

Neuhaus nickte nur. Imhoff: »Der Pakt war besiegelt.« Er unterschrieb den Vertrag und Neuhaus trat am Jahresende an die Spitze des Stollwerck-Konzerns.

Zwei Monate nach dem Dienstantritt von Neuhaus konnte sich der Aufsichtsratsvorsitzende Alfred Herrhausen trotz bitterer Zahlen zuversichtlicher als im Vorjahr der Stollwerck-Hauptversammlung stellen.

Sie wurde zum Scherbengericht für das abgelöste Management. Der Jahresverlust betrug 7,8 Millionen Mark. Zum zweitenmal gab es keine Dividende. Die Aktionäre verweigerten dem ehemaligen Vorstandschef Alfred Geimer die Entlastung.

Herrhausen: »Die Ergebnisse zeigen ganz deutlich, daß das Haus Stollwerck nach einer längeren Inkubationszeit

ernsthaft krank geworden war, und zwar an Haupt und Glie-
dern ... Unser Patient gehört auf die Intensivstation.«

Auch für das laufende Jahr kündigte der Bankier einen
Verlust von voraussichtlich vier Millionen Mark an. Dennoch keimte unter den Aktionären Hoffnung auf, als Herrhausen erstmals andeutete, was er zur Rettung Stollwercks
eingefädelt hatte:

In der Vergangenheit hätte Stollwerck bei Kooperations-
chancen »die Sprödigkeit derer gezeigt, die nicht wissen,
was sie wollen«. Jetzt aber seien bis auf eine Schachtel von
25 Prozent die Aktien der Deutschen Bank von der Schweizerischen Kreditanstalt erworben worden – als »Voraussetzung für eine enge Kooperation mit der Imhoff-Gruppe«.

Diese Kooperation zwischen Imhoff und Stollwerck hatte
schon begonnen: Großreinemachen im Severinsviertel. Das
Stollwerck-Sortiment wurde von über 1000 auf 190 Artikel
reduziert, die unrentable Bonbonproduktion ganz eingestellt.

Kölns Karnevalisten stöhnten auf. Seit Jahrzehnten hatten
sie zur Jecken-Saison Hunderte von Tonnen der berühmten
Stollwerck-Karamellen zu einem Preis bezogen, der unter
den Herstellungskosten lag und unter das närrische Volk geworfen. Damit war nun Schluß. Imhoff: »Ich wußte, was das
für Köln bedeutet, aber es mußte einfach sein.«

Die Qualität der Tafelschokolade wurde verbessert und für
die Spitzenmarke »Alpia« verstärkt und ertragreich geworben. Slogan: »Oft fehlt nur ein Stück Stollwerck zum
Glück.« Nach der vertraglich vereinbarten Zusammenarbeit
mit der Imhoff-Gruppe wurde in Bullay für Stollwerck produziert.

So gelang es, in nur einem halben Jahr den Stollwerck-Umsatz um mehr als sieben Prozent zu erhöhen. Der Export stieg um 25 Prozent. Der Jahresumsatz überschritt die 100-Millionen-Mark-Grenze.

Gleichzeitig wurde die Zahl der Mitarbeiter von 2011 auf 1714 abgebaut. Die Produktion pro Beschäftigten erhöhte sich um 30 Prozent. Statt des von Herrhausen angekündigten Verlustes von vier Millionen Mark entstanden 1972 nur Verluste in Höhe von 2,8 Millionen Mark.

In diesem Erfolgsjahr kletterte die 100-Mark-Aktie von Stollwerck von unter 200 auf über 400 Punkte. Das allerdings hatte Gründe, die nicht nur in den Siegen von Imhoff und Neuhaus wurzelten. Im Gegenteil: Auf Stollwerck lauerte eine neue Gefahr. Irgend jemand kaufte gezielt Aktien auf. Niemand wußte wer und zu welchem Zweck. Imhoff: »Aber irgendwann mußte der Fuchs aus seinem Bau.«

Um das Geschäftsjahr künftig dem Kalenderjahr anzugleichen, war die nächste Hauptversammlung für den 21. Dezember 1972 anberaumt worden. Zwei Wochen vor dem Termin erhielt der Aufsichtsratsvorsitzende Alfred Herrhausen einen Brief, der es ermöglichte, die neue Drohung etwas genauer zu orten.

Der Münchner Anwalt Dr. Lois Erdl teilte darin mit, er vertrete die Interessen einer Aktionärsgruppe, die »zunächst jedenfalls nicht unmittelbar in Erscheinung treten möchte«. Diese Gruppe sei daran interessiert, »trotz der herben Kritik, die sie am derzeitigen Management üben müsse, ihren Aktienbesitz zu vergrößern«. Sie wolle gern jene Aktien erwerben, auf die Imhoff eine Option besaß, die sich aber noch im Besitz der Deutschen Bank befanden.

Kühl antwortete Herrhausen, daß sich die Deutsche Bank »bereits anderweitig gebunden hat«. Und dabei blieb es – selbst als Erdl wenige Tage vor der Hauptversammlung mehr als das Doppelte von dem bot, was Imhoff als Options-Kurs eingeräumt worden war. Imhoff: »Dem Himmel sei Dank: Ich hatte einen schriftlichen Vertrag.«

Gleichzeitig mit seinem Angebot an die Deutsche Bank kündigte Lois Erdl der Stollwerck-Verwaltung an, er werde auf der Hauptversammlung für eine »opponierende Aktionärsgruppe«, die über mehr als zehn Prozent der Firmen-Aktien verfüge, die »Einsetzung eines Sonderprüfers« beantragen, um festzustellen, ob dem Unternehmen durch die Kooperation mit Imhoff möglicherweise Schaden entstanden sei.

Das war Sprengstoff. Denn eine Sonderprüfung war teuer, hätte dem Ansehen des neuen Managements unter Neuhaus schwer geschadet und bis zu ihrem Abschluß eine Wahl Imhoffs zum Aufsichtsratsvorsitzenden kaum möglich gemacht. Alle seine Pläne wären durchkreuzt, wenn nicht gescheitert. Imhoff: »Es stand auf des Messers Schneide.«

Drei Tage vor Weihnachten 1972 versammelten sich die Stollwerck-Aktionäre im Auensaal der Kölner Messehallen, unter ihnen der Klein-Aktionär Hans Imhoff, offiziell nur im Besitz von 0,11 Prozent der Stollwerck-Aktien. Unheil lag in der Luft. Eine der dramatischen Hauptversammlungen in der Geschichte der deutschen Aktiengesellschaften brach an.

Der Aufsichtsratsvorsitzende Alfred Herrhausen trat an das Rednerpult. Die nächsten sechseinhalb Stunden sollte er dort stehend verbringen. Imhoff: »Wie eine Eiche.«

Der Bankier begann mit einem Donnerschlag:
»Die Deutsche Bank wird ab heute erstmals in der Nachkriegszeit im Stollwerck-Aufsichtsrat nicht mehr vertreten sein.« Man hätte eine Fliege laufen hören können.
Dann zog Herrhausen Bilanz: »Im letzten Jahr habe ich gefordert, der Patient Stollwerck gehöre schnellstens auf die Intensivstation. Heute kann ich guten Gewissens feststellen, daß die Behandlung dort angeschlagen und gewirkt hat. Der Patient kann die Station verlassen; er befindet sich sichtbar auf dem Weg zur Besserung. Gleichwohl bedarf es natürlich zur nachhaltigen Auskurierung noch der fachärztlichen Kontrolle. Diese aber kann der alte Aufsichtsrat vertrauensvoll in die Hände der nachfolgenden Herren legen …
In der letzten Hauptversammlung hatte ich Ihnen berichtet, daß die Deutsche Bank ihren 25 Prozent übersteigenden Stollwerck-Besitz – es handelte sich um weniger als eine Schachtel – mit Wirkung zum 1. Januar 1972 an die Schweizerische Kreditanstalt verkauft hat. Wenn wir seinerzeit 25 Prozent behielten, so deshalb, weil wir uns von dieser Schachtelbeteiligung erst dann trennen wollten, wenn wir die Gewißheit haben konnten, daß es bei Stollwerck wieder aufwärts geht …
Da die selbst gesetzte Voraussetzung einer durchgreifenden Ertragsverbesserung bei Stollwerck gewährleistet ist, wird nunmehr in der zweiten Stufe die noch bei uns verbliebene Schachtel Anfang 1973 von der Schweizerischen Kreditanstalt ebenfalls übernommen werden. Die Deutsche Bank gibt damit ihre Aktionärseigenschaft bei Stollwerck auf und verabschiedet sich aus dem Kreis der Anteilseigner …

151

Wir werden im zweiten Halbjahr 1972 unser Umsatzziel mit gut 58 Millionen erreichen und endlich wieder ein positives Ergebnis präsentieren... An dieser Stelle muß auch auf unsere Zusammenarbeit mit der Imhoff-Gruppe eingegangen werden, ohne die die erfreuliche Wende zum Besseren nicht denkbar gewesen wäre. Diese Zusammenarbeit wurde durch den Abschluß eines Kooperationsvertrages grundsätzlich geregelt und in den vergangenen Monaten intensiviert. Der Vertrag wurde vom Aufsichtsrat einstimmig gebilligt...«

Bald danach erhob sich Anwalt Erdl: »Mein Name ist Erdl. Ich bin das erste Mal hier bei Stollwerck. Ich vertrete ein Aktienpaket von über zehn Prozent. Da ich für die von mir vertretene Aktionärsgruppe Opposition angemeldet habe, habe ich mich, wie Sie sich vorstellen können, auf die Hauptversammlung gut vorbereitet...«

Bei Stollwerck werde »schlecht gewirtschaftet«: »Uns interessiert ganz besonders die Zusammenarbeit zwischen Imhoff und Stollwerck... Wieso hat Herr Imhoff Einfluß auf die Gesellschaft... Er hat vor, den Aufsichtsrat zu besetzen, zunächst aus ihm selbst, und zwar wird er als Aufsichtsratsvorsitzender fungieren...«

Erdl zweifelte alle erdenklichen Angaben an, kritisierte, attackierte und bemängelte vor allem immer wieder die Verbindung von Stollwerck zu Imhoff. Auch ein Wirtschaftsprüfertestat gewährleiste da keine Korrektheit. Eindrucksvoll wußte er Spitzen in Gleichnisse zu verpacken. Erdl: »Ich bringe ein Beispiel, das völlig aus der Luft gegriffen ist: Wenn Stollwerck einen Lastwagen hat, der nach einer Expertise des Sachverständigen einen Verkehrswert von

30 000 Mark hat, und dieser Lastwagen wird für 1000 Mark
an Imhoff verkauft – das ist nicht so, ich kann das jetzt nur
so sagen –, dann hat der Wirtschaftsprüfer dieses Geschäft
zu bilanzieren. Da kann er sich den Kopf darüber zer-
brechen, warum die das tun oder warum die das nicht
tun ...«

Würde es dem geschickten Advokaten gelingen, die Mehrheit der Aktionäre so zu beeindrucken und auf seine Seite zu
ziehen? Davon hing nun alles ab.

Insgesamt hatte Erdl nicht weniger als 56 Fragen an Vorstand und Aufsichtsrat: »Ich muß die Fragen auch stellen,
um das Registergericht davon zu überzeugen, daß wir es für
notwendig halten, daß hier eine Sonderprüfung durchge-
führt wird. Wobei ich immer wieder sage, derjenige, der
nichts zu fürchten hat, braucht eine Sonderprüfung nicht zu
scheuen.«

Zwischenruf vom Aktionärs-Sprecher Fiebich: »Zahlt Ihr
Klient die Sonderprüfung, übernimmt er diese Kosten?«

Erdl: »Die Sonderprüfung zahlt die Gesellschaft; das ist
seit Jahr und Tag so gewesen.«

Fiebich: »Also zahlen wir sie.«

Erdl: »Die Sonderprüfung soll im Interesse der Gesellschaft sein ...«

Rechtsanwalt Erwin Rümenap meldete sich zu Wort:
»Eine Sonderprüfung, die sehr viel Geld kostet. Wir wissen
von großen Konzernen, daß diese dort bis zu 600 Millionen
gekostet hat ... Ich möchte die Frage an Herrn Kollegen
Erdl richten: Wer steht hinter Ihnen? Wer kann das sein?«

Zwischenruf Fiebich: »Die Konkurrenz von Stollwerck.«

Rechtsanwalt Rümenap: »Lassen wir uns durch dieses

Störmanöver nicht aus der Fassung bringen, gehen wir zur Tagesordnung über ...«

Aktionärs-Vertreter Fiebich, sonst oft genug ein scharfer Kritiker der Deutschen Bank und von Unternehmensvorständen, legte nach:

»Herr Dr. Herrhausen, Sie hatten gesagt, daß auf Stollwerck Schatten gefallen wären, Sie sprachen von Imageverlust. Das, was heute hier von dem Anwalt Erdl pflichtgemäß inszeniert wird, ist der Beginn neuer Schatten und eines neuerlichen Imageverlustes. Genau das Gegenteil von dem, was die Firma, die es so schwer hat, braucht. Ob man das verantworten kann, Herr Dr. Erdl, als Aktionärsvertreter, der Sie ja immer sind? Wir haben ja gemeinsam gegen Machtgelüste der Großen gekämpft. Sie schädigen hiermit uns alle. Ich muß sagen: Als Wirtschaftsprüfer haben Sie, Herr Erdl, Eigentore geschossen, mehrere Eigentore ...«

Erdl begehrte auf: »Ich bin hier und vertrete ein Aktienpaket. Sie müssen meine Person aus dem Spiel nehmen. Ich bin hier, um die Interessen von Leuten zu vertreten. Sie gehen auf mich persönlich los. Bitte reden Sie doch zur Sache und lassen mich persönlich in Ruhe.«

Fiebich: »Aber Sie sind doch kein Phänomen, sondern ein Mensch aus Fleisch und Blut und heißen Dr. Lois Erdl. Was soll ich denn sonst tun? Soll ich sagen: Der Herr aus München, oder der Opponent. Es sind doch Tatbestände.«

Erdl: »Das macht Ihnen Spaß.«

Fiebich: »Nein, das macht mir keinen Spaß ... Herr Dr. Erdl, wenn Sie im vorigen Jahr oder vor zwei oder drei Jahren hier als Aktionärsvertreter aufgetreten wären, dann hätten wir in voller Harmonie die Verwaltung in die Pfanne ge-

hauen. Aber jetzt, am heutigen Tage, ist das einfach unbe-
gründet, es ist unfair, es ist ungerecht und es schadet dem
Unternehmen Stollwerck. Herr Dr. Erdl, entschuldigen Sie,
wenn ich Sie anspreche, aber Sie sind nun mal der Opponent. Es ist doch das Segensreichste, was es für Stollwerck
geben kann, und das war der Grund für die Deutsche Bank.
Herr Dr. Herrhausen hat ja jahrelang nach dem Koopera-
tionspartner gesucht. Es war doch keiner bereit, sich dieses
kranken Kindes Stollwerck anzunehmen. So müssen wir
Herrn Dr. Imhoff und seinen Mitarbeitern dankbar sein,
daß sie den Mut hatten, hier einzusteigen, um gemeinsam
mit der Deutschen Bank sehr erfolgreich die Dinge wieder
ins Lot zu bringen.«

Aber so schnell war Lois Erdl nicht ruhigzustellen: »Erlau-
ben Sie mir, daß ich ein paar Worte zu den Dingen sage, die
mich persönlich betreffen. Ich bin ja nicht eitel genug, um
glücklich zu sein, wenn ich dauernd meinen Namen höre.
Ich vertrete hier ein Anliegen eines großen Aktionärs...
Natürlich geht es hier besser. Ich habe das ja auch aner-
kannt. Aber ich meine, zum Jubeln ist kein Grund... Es ist
ein erklecklicher Verlust gemacht worden. Meine Kritik be-
zieht sich darauf, daß ich nicht weiß, ob dieser Verlust nicht
geringer sein könnte. Deshalb fordere ich für meine Aktionäre..., daß diese Kooperation überwacht wird.«

Noch einmal ergriff der Aufsichtsratsvorsitzende Alfred
Herrhausen das Wort: »Als ich in dieses Unternehmen ein-
trat, sah ich mich einer beinahe hoffnungslosen Situation
gegenüber, die in einer unglaublich kurzen Zeit gemeistert
werden konnte... Ich weiß nicht, Herr Dr. Erdl, wer hinter
Ihnen steht. Aber meine Vermutung geht dahin, daß es sich

155

um Konkurrenten von Stollwerck handelt. Ich habe mit vielen Firmen verhandelt... Niemand, mit Ausnahme von Herrn Imhoff ist auf meine Vorstellungen, auf meine Konzeptionen, auf meine unternehmenspolitischen Modellentwicklungen eingegangen. Nur Herr Imhoff... Jawohl, Herr Erdl, Herr Imhoff ist Unternehmer. Ich kann nur sagen: Gott sei Dank. Denn das ist genau, was Stollwerck seit Jahren gefehlt hat: Unternehmer, die mit den unternehmerischen Aufgaben fertig zu werden vermögen... Niemand hat geglaubt, daß dieses Unternehmen überhaupt wieder revitalisiert werden könnte. Kein Mensch hat diese Unterstellung gewagt, noch vor zwölf Monaten nicht. Was sich jetzt zeigt, ist die Enttäuschung all derer, die am Bett des Patienten gesessen haben, um auf seinen Tod zu warten, damit sie sich die Erbschaft teilen konnten. Das ist genau der Punkt.«

Zwischenruf Fiebich: »Das hat man wörtlich gesagt, Herr Herrhausen. Das war in Hannover. Ich nenne keine Namen.«

Herrhausen verlas anschließend den Kooperationsvertrag zwischen Stollwerck und der Imhoff-Gruppe, teilte den Inhalt seines Briefwechsels mit Dr. Erdl wörtlich mit und beantwortete dessen 56 Fragen, sofern die Auskünfte nicht dem Geschäftsgeheimnis unterlagen. Doch seine Hoffnungen auf eine Verständigung erfüllten sich nicht. Lois Erdl blieb ungerührt: »Ich stelle im Namen der von mir vertretenen Aktionäre... Antrag auf Bestellung eines Sonderprüfers.«

Die Kampfabstimmung über den Antrag begann. Der Ausgang war nicht vorhersehbar. Es knisterte im Saal. Für Hans Imhoff stand alles auf dem Spiel. Die Spannung forderte ihren Preis. Herrhausen mußte die Abstimmung unterbrechen: »Meine Damen und Herren, darf ich um Ihre Aufmerksamkeit bitten. Herr Fiebich hat versehentlich – was ihm sonst nie passiert – seine Stimmabschnitte in den falschen Kasten geworfen.«

Lautes Lachen. – Große Heiterkeit.

»Ich muß deshalb, so leid es mir tut, die Abstimmung wiederholen lassen.«

Endlich lag das Ergebnis vor. Herrhausen gab es bekannt: »Es wurden abgegeben gültige Ja-Stimmen – also Stimmen, die für den Antrag auf Sonderprüfung sind, 60 800, das sind 36,26 Prozent.

Gültige Nein-Stimmen, also Stimmen, die gegen den Antrag auf Sonderprüfung sind, 106 875, das sind 63,74 Prozent.

Gültige Stimmen insgesamt 167 675 bei einer Präsenz von 168 100 Stimmen.

Ich stelle fest, daß der Antrag von Herrn Dr. Erdl auf Bestellung eines Sonderprüfers nicht angenommen worden ist.«

Beifall im Saal. Sieg für Herrhausen und Imhoff.

Aber noch stand ein weiterer kritischer Punkt auf der Tagesordnung: Wahl des Aufsichtsrates. Als neuen Vorsitzenden hatte der alte Aufsichtsrat Hans Imhoff vorgeschlagen. Er erhob sich und stellte sich den Aktionäre vor:

»Meine sehr verehrten Damen und Herren! Mein Name ist heute so oft gefallen, daß ich mich Ihnen nicht noch einmal namentlich vorzustellen brauche … Ich bin heute führend oder beherrschend für diese sogenannte Imhoff-Gruppe. Wissen Sie, das hört sich so pompös an, ist es aber gar nicht.

Das ist ein Konglomerat von Firmen, die rund 100 Millionen Mark umsetzen. Das ist auf der eine Seite viel, auf der anderen Seite wenig.

Mein Interesse an dieser Branche bedingt auch mein Engagement für die Firma Gebrüder Stollwerck AG. Das ist ein Unternehmen, das mich immer fasziniert hat, und zwar aus zwei Gründen. Erstens, weil es zu den ältesten Schokoladenfabriken der Welt überhaupt gehört ... Auf der anderen Seite, weil sie so nahe an den Dom gebaut hat und ich den Dom so gern habe. Ich kann nicht allzulange von Köln weg sein, dann muß ich den Dom sehen. Vielleicht ist das rein vom Emotionalen her der Grund, warum ich jetzt darum bitte, daß Sie mir Ihre Stimme und Ihr Vertrauen geben, für das Amt, für das ich vorgeschlagen worden bin.

Es sind heute hier eine Menge böser Worte gefallen. Ich nehme das nicht so tragisch. Das ist nicht meine Stunde. Meine Stunde kommt dann wahrscheinlich im nächsten Jahr, falls Sie mich wählen sollten, wenn ich hier Rechenschaft für das abzulegen habe, was hier getan worden ist. Ich komme nicht aus der Großindustrie. Mein Vater war Schlossermeister in Köln, mein Großvater war es auch. Es ist eine alteingesessene Kölner Familie. Ich denke gar nicht daran, mir irgendwie einen Staub auf den Glanz meines Namens geben zu lassen, indem ich Kleinaktionäre, andere Aktionäre oder Leute, die mit mir in einem Boot sitzen, benachteilige oder vergesse. Die Sorge brauchen Sie nicht zu haben. Die Versicherung gebe ich Ihnen ab. Es wäre nett, wenn Sie mir, trotz der Opposition heute, die in einer Form dargestellt wurde, die sich selbst richtet, Ihre Stimme geben würden. Darum möchte ich Sie hiermit bitten.«

Aber noch einmal fuhr ihm Erdl in die Parade: »Meine Herren, wenn wir die Dinge hier richtig sehen und das Anwesenheitsprotokoll richtig studieren, dann besitzt Herr Imhoff ad personam möchte ich sagen, keine einzige Aktie dieser Gesellschaft ...«

Imhoff: »Ha – ha – ha.«

Erdl: »Darf ich fragen, wieviel Aktien Sie besitzen?«

Imhoff: »Das können Sie sich denken, wie Sie wollen. Darf ich mal fragen, für wen Sie hier sitzen ... Sagen Sie mal für wen, sagen Sie mal, wer 22 Millionen aufwendet, um hier Stimmung zu machen gegen die Firma Stollwerck AG, die Marktanteile verloren hat ...«

Erdl: »Herr Imhoff, regen Sie sich nicht auf. Sie identifizieren sich schon mit der Stollwerck AG. Das ist ein bißchen voreilig. Ich stelle hier nur einfach fest, daß Sie offiziell wohl an dieser Gesellschaft hier keine einzige Aktie besitzen, oder ...«

Herrhausen unterbrach: »Herr Erdl, das läßt sich alles relativ schnell aufklären. Wir haben eine Anwesenheitsliste vorliegen. Ausweislich dieser Anwesenheitsliste ist Herr Imhoff als Aktionär eingetragen mit einem Aktienbesitz von 0,11 Prozent am angemeldeten Kapital, und zwar als Eigenbesitz. Das sind genau 18 800 Mark ... Vielleicht darf ich mit einem kleinen Scherz die etwas angespannte Atmosphäre auflockern. Wenn Herr Imhoff 0,11 Prozent des Aktienkapitals besitzt, haben wir jetzt endlich, wenn er gewählt wird, einen Kleinaktionär im Aufsichtsrat.«

Die Schlacht war geschlagen. Der neue Aufsichtsrat mit Hans Imhoff als Vorsitzenden wurde mit 106 780 gegen 60 836 Stimmen gewählt.

Hans Imhoff, der Kölner Bub, der einst der Duftwolke Stollwercks gefolgt war, die über die Stadt wehte, hatte im Alter von 50 Jahren das Ziel seiner Sehnsucht erreicht: Er war Herr über Stollwerck. Er stellte sich ein Feldbett in seinen neuen Büroräumen auf und arbeitete fortan von 7 Uhr morgens bis 10 Uhr abends im Severinsviertel. Schon bald sollte er jenem geheimnisvollen Mann begegnen, der Lois Erdl in den Ring geschickt hatte, um ihn auszuschalten.

IX
Das Severinsviertel

Das Severinsviertel

Der Mann hinter Lois Erdl, der Imhoffs »Machtergrei-fung« bei Stollwerck zu verhindern suchte und die Stollwerck-Aktien der Deutschen Bank kaufen wollte, war kein Konkurrent der Firma. Schokolade interessierte ihn überhaupt nicht.

Es war der Kölner Finanzmakler und Immobilienkauf-mann Dr. Detlev Renatus Rüger, Jahrgang 1933.

Ihm ging es um den kostbaren Grundbesitz des Unterneh-mens: das Haus in der Hohen Straße und das Fabrikgelände im Severinsviertel, 55 000 Quadratmeter mitten in der Stadt am Rhein – ein einmaliges Areal.

Er kontrollierte nicht nur »über zehn Prozent« der Stoll-werck-Aktien, wie es auf der Hauptversammlung geheißen hatte, sondern mehr als ein Drittel. Man darf vermuten, daß er nach der Aktienmehrheit bei Stollwerck strebte, um den begehrten Namen weiterzuverkaufen, die Produktion still-zulegen und die Grundstücke seinem Immobiliengeschäft zuzuführen. Schon bald nach der Hauptversammlung vom Dezember 1972 meldete er sich bei Imhoff und bot an, die Grundstücksverwaltung für diese Kronjuwelen des Stoll-werck-Imperiums zu übernehmen. Doch dort lockte ein Geschäft, das Hans Imhoff selbst machen wollte:

»Ich hatte von Anfang an den Plan, das wertvolle Grundstück zu verkaufen, wenn es mir gelingen sollte, bei Stollwerck Mehrheitsaktionär zu werden.«

Dazu kam seine Überzeugung, daß sich eine Modernisierung der alten Stollwerck-Fabrik im Severinsviertel nicht lohnte. Er wollte eine neue Fabrik auf der grünen Wiese bauen.

Auf der anderen Seite des Rheins gehörten Stollwerck 80 000 Quadratmeter in Köln-Porz, nur etwa neun Kilometer vom alten Werk entfernt und in unmittelbarer Nähe der Autobahn. Das war ein idealer Standort.

Als Imhoff sicher war, daß dort Stollwerck neu entstehen konnte, machte er sich daran, das Severinsviertel zu verkaufen. Er bot es zunächst der Stadt Köln an. Ein zäher Handel begann.

»Die Stadt will das Grundstück kaufen, ich will verkaufen«, erklärte Imhoff der »Wirtschaftswoche«, »aber der Preis stimmt nicht.« Die Stadt bot 25,5 Millionen Mark. Imhoff wollte 35 Millionen.

1974 veräußerte Imhoff das Grundstück mit Fabrik und Verwaltungsgebäude schließlich an die Stollwerck-Tochter Kaspar Bader GmbH & Co. KG.

Die Stadt witterte bei dem internen Verkauf nichts Böses. Aber ohne es auch nur zu ahnen, hatte sie da das Rennen bereits verloren.

Auf der Hauptversammlung im August jenes Jahres schwieg Imhoff mit Rücksicht auf »gewichtige und legitime Interessen der Stollwerck AG« noch über den Deal.

Doch ein Jahr später enthüllte er vor seinen Aktionären das Geheimnis. Stollwerck hatte das Fabrikgelände und Verwaltungsgebäude an Kaspar Bader GmbH & Co. KG für 48,3 Millionen Mark abgetreten – fast das Doppelte von dem, was die Stadt geboten hatte.

Aber das war nur die Spitze des Eisberges: Zugleich hatte Stollwerck auch ihre kaufende Tochter mitverkauft. Imhoff in der Hauptversammlung: »Kaspar Bader GmbH & Co. KG ist heute weder rechtlich noch wirtschaftlich als ein Tochterunternehmen der Stollwerck AG anzusehen. Die von der Stollwerck AG noch gehaltene Gesellschaftsbeteiligung beträgt im Verhältnis zu den Mitteln der Gesellschaft circa zwei Promille.«

Der Clou vom Coup: Käufer von Grundstück, Verwaltungsgebäude und Kaspar Bader GmbH & Co. KG war der Immobilienkaufmann Dr. Detlev Renatus Rüger, der Erzfeind von gestern.

Und nicht genug damit: Um das Stollwerck-Gelände von Imhoff zu erhalten, hatte Rüger ihm seinerseits auch noch seine rund 36 Prozent Stollwerck-Aktien verkauft.

Ingenieur dieser bemerkenswerten Operation war Imhoffs Anwalt und Stellvertreter im Aufsichtsratsvorsitz, Dr. Hans Rolf, ein brillanter Jurist.

Damit hatte Imhoff für das Grundstück fast 100 Prozent mehr erhalten, als die Stadt zu zahlen bereit war. Und er war mit über 80 Prozent der Stollwerck-Aktien übermächtiger Mehrheitsaktionär.

Der Sprecher der Schutzgemeinschaft der Kleinaktionäre Walter Martius meinte bewundernd: »Eine Meisterleistung.«

Diese Meisterleistung war erst der Anfang. Drei Tage nach dem Verkauf des Stollwerck-Geländes erklärte die Stadt das

Terrain der ehemaligen Schokoladenfabrik zum Sanierungsgebiet.

Nun argumentierte Imhoff, der Verkauf sei notwendige
Folge der seit Monaten diskutierten Sanierungspläne der
Stadt gewesen. Er verlangte Entschädigung.

Städtische und staatliche Juristen prüften und kamen zu
dem Schluß: Imhoff hatte einen Anspruch.

Der Unternehmer legte nach: Da in der Schokoladen-
branche Überkapazitäten bestünden, bestünde bei ihm kein
gesteigertes Interesse, für 100 Millionen Mark eine neue
Fabrik in Köln-Porz zu bauen – es sei denn, Stadt und Land
würden ihm helfen.

Städtische und staatliche Stellen prüften und kamen zu
dem Schluß: Imhoff mußte geholfen werden, um Stollwerck
in und für Köln zu erhalten.

Das Ergebnis:
- Der Bund steuerte 7,5 Prozent zum Fabrik-Neubau bei
  (Investitionszulage).
- Das Land steuerte 7,5 Prozent zum Fabrik-Neubau bei
  (Strukturprogramm).
- Die Stadt Köln steuerte 9,6 Millionen Mark zum Fabrik-
  Neubau bei (Umzugskosten).
- Die Stadt Köln gewährte ein zinsloses Darlehen auf acht
  Jahre in Höhe von zehn Millionen Mark für den Fabrik-
  Neubau.

Imhoff: »Ein Unternehmer muß versuchen, für seine Belegschaft und seinen Betrieb zu erreichen, was erlaubt er-
reichbar ist. Damit erfüllt er zugleich seine Pflicht gegenüber der Gesellschaft.«

166

Für die Finanzierung des Neubaus in Köln-Porz hatte Imhoff außerdem einen Fonds der Rüger-Gruppe aufgelegt, der 45 Millionen Mark brachte. Aber angesichts der staatlichen und städtischen Hilfen, benötigte er nicht einmal alles von diesem Geld für Porz. Imhoff: »Ich konnte noch ein paar Millionen bei Hildebrand in Berlin investieren.«

Etwas weniger glücklich erging es dem Käufer des Stollwerck-Areals im Severinsviertel, Dr. Detlev Renatus Rüger.

Nachdem das Terrain zum Sanierungsgebiet erklärt worden war, benötigte er für jede Veränderung – bis hin zu Mietverträgen – eine Zustimmung der schwerfälligen Stadt. Eine Zeitlang versuchte er sein Glück mit den Behörden. Dann war er es leid.

Als wohlhabender Mann wußte er, daß Geld auch dazu da war, Ärger zuzudecken. So verkaufte er das Gelände 1978 schließlich der Stadt – angeblich mit einem Verlust von fast zehn Millionen Mark

Für die alte Stollwerck-Heimat im Severinsviertel aber hatte ein bemerkenswerter Leidensweg begonnen, geprägt vom Versagen einer ängstlichen und schwächlichen Politik.

Der Kölner Journalist Engelbert Greis hat ihn in seinem Buch »Die Stollwerck-Story« exzellent nachgezeichnet.

Das gesamte Viertel, in dem etwa 10 000 Bürger in 3800 Wohnungen auf 35 Hektar rund um die Stollwerck-Fabrik wohnten, drohte Anfang der siebziger Jahre zum Slum zu verkommen. Verrottete Häuser, Wohnungen ohne sanitäre Einrichtungen, dunkle Hinterhöfe. Immer mehr Alteingesessene wanderten ab, immer mehr Ausländer zogen ein.

Das Viertel war zwar zum Sanierungsgebiet erklärt wor-

167

den, die Sanierung aber ließ sich Zeit. 1978, nachdem die Stadt das Stollwerck-Grundstück erworben hatte, schrieb sie einen Wettbewerb für die Nutzung des Geländes aus.

Den ersten Preis in Höhe von 40 000 Mark errang die Planungsgruppe »dt8« aus Köln. Ihr Konzept für 700 neue Wohnungen sah vor, die meisten Fabrikhallen abzureißen und nur einen Teil umzubauen.

Dagegen wandten sich eine »Bürgerinitiative Südliche Altstadt« (BISA) und eine Arbeitsgemeinschaft »Wohnen im Stollwerck«.

Bürgerinitiative und Arbeitsgemeinschaft träumten von progressiven Wohnformen. Dafür wollten sie alle alten Fabrikgebäude erhalten und in billige Wohnungen umwandeln, die von den Mietern zum Teil selbst hergerichtet werden sollten.

Auf dem Gelände hatten sich inzwischen die unterschiedlichsten Einrichtungen etabliert, vom Circus Roncalli bis zu einer Werbeagentur. Die Stadt hatte »Jungen Pionieren«, der »Sozialistischen Arbeiterjugend« und einer »Marxistischen Abendschule« Räume zur Verfügung gestellt. Ein italienischer Lebensmittelhändler lagerte Parmesan und Parmaschinken. Behinderte hatten eine Autowerkstatt eröffnet. Und die alternativen »Palazzo-Schoko-Gruppen« trieben Kultur ihrer Art; ihre bekannteste Musikgruppe hieß »Hirnriß«.

Ein Jahr lang wurden die Sanierungspläne besprochen, erörtert und debattiert, geprüft, erwogen und debattiert, durchgesehen, überarbeitet und debattiert.

Das Resultat nach zwölf Monaten: Ein Verwaltungsbericht mit »Empfehlungen zur Aufstellung eines städtebaulichen

Konzeptes«: 60 Prozent der Fabrikgebäude sollten abgerissen, 40 Prozent umgebaut werden.

Doch nun machten fortschrittliche Kreise mobil. Auch darüber berichtete Engelbert Greis anschaulich in seiner »Stollwerck-Story«. Das linke Blatt »Schauplatz« rief im April 1980 zur Besetzung auf: »Stollwerck: 500 Wohnungen frei! Einziehen! Selbst ausbauen! Drinbleiben!« Es reimte:

> »Viktoria, der Sieg ist nah;
> die Freaks, die singen tralala.
> Die ganze Szene ist wie verhext,
> schon wieder ist ein Haus besetzt.«

Am 14. April 1980 hielt die »Bürgerinitiative Südliche Altstadt« (BISA) ohne Genehmigung des städtischen Hausherrn eine Versammlung auf dem Gelände ab.

Als sich der städtische Projektleiter der Sanierung Severinsviertel dabei zu Wort meldete, ertönte es: »Hör auf, du Labersack.« – »Holt das Schwein doch endlich runter.«

Die »Bürgerinitiative Südliche Altstadt« beschloß Baugruppen zu bilden. Die Stadt wich zurück und erteilte der Bürgerinitiative die Genehmigung, im ersten Stock einer zum Abriß vorgesehenen Halle eine Musterwohnung ihrer Vorstellung auszubauen.

Nach dem Erfolg wurde am 27. April 1980 von der Bürgerinitiative ein Fest mit Würstchen und Bier in der alten Fabrik gefeiert.

Dabei stürzte der 13jährige türkische Junge Olgun Osman beim Spielen in einem 15 Meter tiefen Aufzugsschacht in den Tod.

Trotzdem erlaubte die Stadt der Bürgerinitiative ihre Musterwohnung weiterzubauen, obgleich sie sich als »total unwirtschaftliches Modell« (Projektleiter der Sanierung Severinsviertel) herausstellte.

Am 20. Mai 1980 wollte der Stadtentwicklungsausschuß endgültig über die künftige Planung entscheiden.

Anhänger der Bürgerinitiative störten die Sitzung der Volksvertreter so, daß sie unterbrochen werden mußte.

Dann beschlossen die Parlamentarier das ursprüngliche Konzept: 60 Prozent der Stollwerck-Fabrik sollten abgerissen werden und die Bagger am nächsten Tag anrücken.

Die Besatzer waren schneller. Noch in derselben Nacht quartierten sich 600 Anhänger der Bürgerinitiative in der alten Fabrik ein. Ihr Motto: »Macht Stollwerck zum Bollwerck.«

Die Stadt gab wieder nach: Abriß-Stopp. Statt das Grundstück räumen zu lassen, wurden Polizei und Bagger zurückgezogen. Besetzung und Hausfriedensbruch blieben ungeahndet, wie in der Hamburger Hafenstraße.

Schon nach wenigen Tagen beliefen sich die Schäden auf über eine Million Mark. Politiker suchten einander gegenseitig die Schuld an ihrem Versagen zuzuschieben und verhandelten mit den Rechtsbrechern.

Willy Brandt äußerte in Bonn die Hoffnung, daß ein solcher Konflikt »auf andere Weise als durch die Polizei zu lösen sei«.

Pfingsten hielten evangelische Pastoren im Fabrikhof einen Gottesdienst ab. Jungsozialisten solidarisierten sich mit den Besatzern.

Die ursprünglich 600 Sympathisanten der Bürgerinitiative auf dem Stollwerck-Gelände schmolzen langsam auf 150 ra-

biate Besatzer zusammen, unter ihnen erfahrene Hausbe-
setzer aus anderen Städten der Republik.

Gewalt flammte auf. Engelbert Greis hat sie beschrieben.
Ein junges Mädchen wurde nach Angaben der »Kölnischen
Rundschau« vergewaltigt. Scheiben wurden eingeschlagen,
Türen eingetreten, aufmüpfige Genossen krankenhausreif
geschlagen.

In der Nacht zum 6. Juli 1980 – nach mehr als sechs Wochen Besetzung – wurde ein gemeinsames Papier von SPD
und Besatzern formuliert, in dem es hieß:

»Die Besetzer verlassen spätestens am Sonntag, dem 6. Juli
1980, 16.00 Uhr, das Stollwerck-Gelände ... Die begonnene
Musterwohnung ... wird von der BISA fertiggestellt ... Die
Stadt Köln wird alle Anzeigen wegen Hausfriedensbruch ...
zurückziehen ...

Die Stadt sieht davon ab, Schadensersatz ... gegen Beteiligte
der Besetzung geltend zu machen.«

Die Besatzer rückten planmäßig ab und randalierten in der
Stadt. Das Gelände wurde von Polizei durchkämmt und 90
Prozent der alten Gebäude von Abbruchmaschinen nieder-
gelegt. Nach 1982 entstand auf dem alten Stollwerck-Areal
ein modernes Wohnquartier.

In jenen Jahren, in denen Verantwortliche und Unverant-
wortliche im Severinsviertel Zeit verschleuderten, hatte der
Verkäufer des Terrains, Hans Imhoff, die Aufgabe, den am
Rande des Ruins taumelnden Stollwerck-Konzern zu neuem Leben zu erwecken.

Es war eine schwere Bürde. Und er mußte die Last allein
tragen. Noch im Jahr des Verkaufs der alten Fabrik hatte
Imhoff seinen Mitstreiter im Kampf um Stollwerck verlo-

ren, den Vorstandsvorsitzenden Hans Neuhaus. Der hatte
ein Angebot seiner Tante angenommen, die Herforder
Eisenwarenfabrik Sulo zu übernehmen.

So stand Hans Imhoff, wie schon so manches Mal in sei-
nem Leben, allein gegen den Rest der Welt. Kunden und
Lieferanten waren mißtrauisch, als die Deutsche Bank bei
Stollwerck ausgeschieden war. Würde der weithin Unbe-
kannte aus Bullay schaffen, was hochmütige Träger großen
Namens nicht gepackt hatten?

Von Zuneigung und Verehrung, die Imhoff in Bullay stets
entgegenschlugen, war bei Stollwerck wegen des Perso-
nalabbaus nichts zu spüren. Imhoff: »Wenn ich da im Dun-
kel durch eine Halle ging, war ich auf allerhand gefaßt.«

Aber nur durch Rationalisierung und Kostensenkung war
eine dauerhafte Wende bei Stollwerck möglich. Denn die
Herstellung einer Tafel Schokolade, die in Bullay 4,5 Pfennige kostete, kostete bei Stollwerck 8,5 Pfennige.

Im August 1974 warnte Imhoff seine Aktionäre: »Der
Sprecher der Angestelltengewerkschaft hat eine zweistellige
Gehaltserhöhung angemeldet. Dazu kann ich nur sagen,
›gut Holz‹; ich weiß nicht, wohin es dann noch gehen soll.«

Und über seine eigene Arbeit verriet er: »Ich schätze, daß
ich gestern etwa 60 bis 70 Telefonate geführt habe, um den
noch fälligen Kakaobedarf zu decken ...«

Seine Nerven lagen bloß. Er war überarbeitet. Er schlief
schlecht. Aber sein Mut war ungebrochen.

Er stoppte eine Wellpappen-Produktion, die Stollwerck
betrieb, verleibte dem Konzern seine eigene Fabrik in Bullay ein und legte im April 1975 – einen roten Plastikhelm auf
dem Kopf – in Köln-Porz den Grundstein für die neue Fa-

brik. »Ich sehe den nächsten 100 Jahren mit Gelassenheit entgegen«, sagte er.

Drei Flugzeuge kreisten mit Transparenten über Baustelle und Stadt am Himmel: »Mer loße Stollwerck in Kölle.« Und auf Erden versprach Oberbürgermeister John van Nes Ziegler: »Me loße nit von Stollwerck.«

In das Fundament des Neubaus wurde eine Urkunde eingemauert: »Vom neuen Standort Köln-Porz erwartet das Unternehmen günstige Voraussetzungen für seine erfolgreiche Weiterentwicklung.«

Um die Jahresmitte kündigte Imhoff in der »Frankfurter Allgemeinen Zeitung« an: »Die Talfahrt von Stollwerck ist gestoppt, die akute Krise beseitigt.« Seinen Aktionären rief er zu: »Wir haben die Sünden der Vergangenheit bewältigt.« Für das nächste Jahr stellte er ihnen wieder eine Dividende in Aussicht: »Selbst der größte Juso muß anerkennen, daß fünf dividendenlose Jahre genug sind.«

In jenem Herbst starb seine geliebte Mutter, fast erblindet im Alter von 80 Jahren. Der Vater, der 1949 verschieden war, hatte miterlebt, wie sein Sohn seine erste Fabrik in Bullay gründete. Die alte Dame hatte noch den Stollwerck-Traum ihres Jüngsten in Erfüllung gehen sehen.

Er hatte ihr besonders nahe gestanden. Es gab nichts, was er nicht mit ihr hatte besprechen können. »Ich werde nie ganz groß werden«, hatte er ihr einmal gesagt, »weil ich nie skrupellos sein kann.« – »Und das ist gut so«, war ihre Antwort.

Rastlos trieb Hans Imhoff den Neubau in Köln-Porz voran. Schon im Dezember 1975, acht Monate nach Baubeginn, liefen dort die ersten Pralinen vom Band. Und im Frühjahr stand der zweite Bauabschnitt. 50 000 Tafeln »Alpia«-Schokolade wurden dort in einer Stunde produziert.

Im August 1976, vier Jahre nach Übernahme des Aufsichtsratsvorsitzes bei Stollwerk kam die Stunde des Triumphs. Zum erstenmal ließ die Spannung nach.

Auf der Hauptversammlung konnte Hans Imhoff seinen Aktionären mitteilen: 6,4 Millionen Mark Gewinn. Stollwerck zahlte wieder Dividende: zwölf Mark pro 100-Mark-Aktie.

Die Personalkosten waren auf weniger als die Hälfte geschrumpft, die Bankschulden von 20 Millionen Mark auf 3,7 Millionen Mark. Imhoff: »Aus dem verstaubten Herren wurde binnen vier Jahren wieder ein kräftiger junger Mann.«

Die Branche war baff. Günter Seibert, Sprecher der Deutschen Schutzvereinigung für Wertpapierbesitz, nannte Imhoff einen »Schokoladen-Napoleon«.

Und Kurt Fiebich, der gefürchtete Aktionärsvertreter, lobte: »Versprechen sind nicht nur eingehalten worden, sondern sie sind übererfüllt worden.«

Kaum lief die neue Stollwerck-Fabrik in Köln-Porz auf vollen Touren, da meldete sich noch im Eröffnungsjahr 1976 bei Hans Imhoff der damalige Bundespräsident Walter Scheel zu Besuch an.

Er und seine Tochter Corinna wollten die modernste Schokoladen-Produktionsanlage der Welt sehen. Hans Imhoff führte sie durch das 100-Millionen-Werk.

In der Fabrik sollte der Bundespräsident wie alle Arbeiterinnen eine weiße Papiermütze auf den Kopf setzen. »Wegen der Haare« sagte Imhoff erklärend. »Damit«, meinte

Scheel (wie Imhoff schon ein wenig kahlköpfig), »haben wir doch eigentlich keine Probleme.« Aber er setzte die Mütze auf.

Hans Imhoff konnte zum ersten Mal seit Jahren durchatmen. Doch sein Erfolg als Unternehmer in Porz rief linke Gegner auf den Plan, wie jene Kräfte, die inzwischen das alte Stollwerck-Gelände im Severinsviertel besetzt hatten.

Das zinslose Darlehen der Stadt in Höhe von zehn Millionen für den Neubau von Köln-Porz war an die Bedingung geknüpft worden, daß Stollwerck eine Mindestzahl an Mitarbeitern beschäftigen müsse: 700.

Im Dezember 1976 zählten plötzlich Bürgerinitiativen morgens am Werkstor in Köln-Porz, wie viele bei Stollwerck zur Arbeit kamen.

Bereitwillig nahmen sich fortschrittlich-kritische Medien des Themas an: Das dritte Hörfunkprogramm des Westdeutschen Rundfunks, das Fernsehmagazin »Monitor«, die linksliberale »Frankfurter Rundschau« und das WDR-Fernsehen.

»Was hier geschieht«, meldete das öffentlich-rechtliche WDR-Fernsehen, »das riecht nicht nur, das stinkt.« Auch der Parteitag des SPD-Unterbezirks Köln stieg ein.

Der Stollwerck-Betriebsrat erklärte zwar, »daß mehr als 700 Mitarbeiter bei Stollwerck beschäftigt sind«, und der Betriebsratsvorsitzende Heinz Kaune versicherte: »Hier wird nicht mit gezinkten Karten gespielt.« Aber das schien wenige zu interessieren.

Die Stadt und Imhoff einigten sich zu guter Letzt darauf, ein Gutachten eines unabhängigen Wirtschaftsprüfers bei der Wibera Wirtschaftsberatung AG zu bestellen. Das Ergebnis: Stollwerck hatte 1189 statt der geforderten 700 Arbeitsplätze!

Hans Imhoff war nun Mitte Fünfzig. Er lebte von der Schokolade, er lebte für die Schokolade. Der »Schokoladen-König« wurde er in seiner Heimatstadt genannt. Als Kosten-Killer kam ihm in der Branche keiner gleich

Er war ein »workaholic« mit einem legendären Arbeitspensum. Im Konzern traf er alle wichtigen und die meisten unwichtigen Entscheidungen.

Er hatte zum zweiten Mal geheiratet und war zum zweiten Mal Vater von zwei Kindern geworden, diesmal von zwei Mädchen – Annette und Susanne.

»O Papa, soviel Pralinen«, staunte Annette, als sie zum ersten Mal die Pralinen-Straße in Porz sah: »Sind die all dir?«

»Ja, die sind all mein«, antwortete der Vater wahrheitsgemäß.

Sein Ruf als Unternehmer hallte weit über Köln und die Schokoladen-Industrie hinaus. Er war ein angesehener und wohlhabender Mann, der bereits auf ein Lebenswerk zurückblicken konnte, wie es nur wenigen vergönnt ist.

Zeit, das Tempo zu drosseln, Zeit, es etwas langsamer angehen zu lassen, Zeit, sich zurückzulehnen und die Früchte der Arbeit zu genießen.

Da explodierte der Kakaopreis – von unter drei Mark für ein Kilo 1975 auf 14 Mark im Dezember 1977 ...

X
Der Konzern

W as tun? »Das Sorgenkind unserer Branche ist«, sagte
Hans Imhoff im Juni 1978 seinen Aktionären, »auch
in diesem Jahr wieder der Rohkakao.«

Er war sündhaft teuer. Imhoff: »Wir haben uns was einfallen lassen und die Idee, wie das bei uns so üblich ist, in die Tat umgesetzt.«

Die Umsetzung in die Tat war die Produktion einer billigen Süßwaren-Tafel im Schokoladentafel-Format mit Nüssen, Trauben und Mandeln, die es nach Imhoff »in sich hatte«.

Imhoff damals: »Immerhin haben wir seit Beginn unserer Marktversuche einige Millionen Süßtafeln verkauft.«

Imhoff heute: »Wir hatten uns einen Fluchttunnel gegraben, aus der Not eine Tugend gemacht und auf der Süßwaren-Tafel sogar noch mit dem Aufdruck geworben: ›Garantiert Kakaofrei.‹«

Die Süßtafeln gingen weg wie warme Semmeln. Das rief Gegner auf den Plan. Sie klagten, das Süßwaren-Surrogat sei einem Schokoladen-Orginal verbotenerweise zum Verwechseln ähnlich. Und die Justiz gab ihnen in der zweiten Instanz recht.

Doch zu diesem Zeitpunkt hatte Hans Imhoff für Stollwerck längst einen Ausweg ganz anderer Dimension anvisiert. In diesem Jahrzehnt, in dem er Stollwerck zum Konzern schmiedete, führte er einen siegreichen Zweifrontenkrieg:

– Er stärkte Stollwercks Schokoladen-Bein, baute neue Fabriken in der Schweiz und Belgien und erwarb große deutsche Marken, die in dem immer ruinöser werdenden Konkurrenzkampf aufgeben wollten oder mußten: Eszet, Waldbaur und vor allem Sprengel in Hannover.
– Er schuf Stollwerck ein zweites Bein, das von Schokolade und Rohkakao unabhängig war: Er kaufte einen Hygiene-Service, eine Fleischwarenkette, zwei Offsetdruckereien und eine stillgelegte Bergwerksgesellschaft.

Zwei Weltkriege, in denen die Schokoladenproduktion in Deutschland zusammenbrach, hatten Hans Imhoff vor Augen geführt, wie verwundbar die Branche durch ihre Abhängigkeit vom tropischen Rohstoff war.

Die Krise des Kakaopreises war ein neues Warnzeichen. Rechtzeitig wollte er sein Haus für die Zukunft weniger verletzlich machen. Imhoff: »Das hatte mich meine Großmutter gelehrt. In dem Haus in der Bobstraße, in der mein Großvater seine Schlosserei betrieb, backte und verkaufte sie Gebäck. Wenn mal ein Bein lahmt, so sagte sie immer, muß das andere tragen.«

Alle neuen Aquisitionen, ob im Schokoladenbereich oder außerhalb desselben, fuhren nach wenigen Jahren Gewinn ein. »Ich habe mein Leben damit verbracht«, meint Imhoff, »Schrott in Gold zu verwandeln.«

In der deutschen Wirtschaft wurden solche Investitionen in branchenfremde Unternehmen damals unter dem Modewort »Diversifikation« gehätschelt. Bei Stollwerck machten die Nicht-Schokoladen-Aktivitäten 1979 zwar nur 23 Prozent vom Umsatz aus, aber 40 Prozent vom Gewinn.

Ein Banker, von dem Ertrag der Imhoffschen »Diversifikationen« sichtlich benommen, suchte in Gesprächen bei Stollwerck das Konzept der genialen Strategie zu ergründen. »Ich glaube«, verriet ihm ein Stollwerck-Prokurist schließlich, »das Geheimnis von Herrn Imhoff ist einfach: Er investiert immer dort, wo er Geld wittert.« So einfach und so schwierig war es gewesen:

– In den Ferien 1976 las Hans Imhoff in der Zeitung, daß ein Fleischereibetrieb zum Verkauf stehe: »Heinz Feine Fleisch- und Wurstwaren.« Imhoff: »Ich dachte mir: Fleisch essen noch mehr Leute als Schokolade.« Das Unternehmen machte 27 Milliarden Umsatz und hatte 14 Filialen. Später kaufte Imhoff die Wurstwarenkette »Schlaraffenland« mit 26 Filialen dazu. Schon 1987 war er einer der größten Fleisch-Filialisten mit 150 Verkaufsstellen geworden. »Papa«, fragte seine elfjährige Tochter, »bist du Fleischer?« Heute ist Heinz wieder verkauft, »Schlaraffenland« durch ein Management-buy-out von einem Angestellten übernommen.

– Ein Sauna-Bekannter und Oberst der Bundeswehr lud Hans Imhoff 1976 zu einer Rheinfahrt. Mit an Bord war Bernd Assenmacher, der deutsche Verkaufsleiter von Alsco, die Berufskleidung und Wäsche an Betriebe und Hotels leasten. Ob denn damit Geld zu verdienen sei, wollte Imhoff wissen. Zweistellig in Prozent war die Antwort. Imhoff machte Assenmacher ein Vertragsangebot und gründete »Larosé«, ein Dienstleistungsunternehmen für Wäsche und Bekleidung, das später den Berliner Wäschedienst Renée Gumprecht in Berlin schluckte. Heute wird »Larosé« von der Imhoff-Tochter Annette geleitet – hat elf Niederlassungen in Deutschland und macht mit über 1500 Mitarbeitern rund 120 Millionen Mark Umsatz.

– Die 1901 gegründete Druckerei Caesar in Traben-Trarbach hatte seit Gründung der Imhoff-Fabrik in Bullay die Verpackung für deren Schokoladentafeln gedruckt. Als der Besitzer, Max Heinrich Caesar, sich zurückzog, übernahm Imhoff 1976 die moderne Offsetdruckerei. Später erwarb er die Druckerei Hermann Schött in Mönchengladbach dazu. Auch sie war spezialisiert auf Etiketten und Verpackungen. 1994 wurde Caesar wieder verkauft. Schött gehört zur Imhoff-Gruppe.

– Die Perle aber war »Concordia«. Die ehemalige Bergbau-Gesellschaft, die in den Gründerjahren des Ruhrgebiets ein Netz von Stollen unter Oberhausen getrieben hatte, beschäftigte noch um 1950 über 5000 Kumpel und förderte über eine Million Tonnen Kohle. Dann wurde die Zeche im anbrechenden Öl-Zeitalter stillgelegt. Der Chemie-Konzern Schering übernahm die Mehrheit der Gesellschaft. Doch der Versuch, mit ihr ins Chemie-Geschäft einzusteigen, war nicht erfolgreich. Deshalb wollte Schering sich von seiner Mehrheit trennen, die Aktien zurückgeben bzw. einstampfen.

Von diesem Stand der Dinge las Imhoffs Stellvertreter im Stollwerck-Aufsichtsrat und Anwalt Dr. Hans Rolf 1976 in der Zeitung. Er konfrontierte Imhoff mit dieser Information und gab ihm, wie schon so oft, eine dringende Empfehlung: »Sofort einsteigen und ›Concordia‹ übernehmen.«

Scherings Lustlosigkeit an »Concordia« mit 65 Hektar Grundbesitz war verständlich. Die Gesellschaft hatte Pensionsverpflichtungen, eine sanierungsbedürftige Zechensiedlung mit 1400 Wohnungen und ein unübersehbares Risiko bei möglicherweise auftretenden Bergschäden, für die es Rückstellungen in Höhe von 55 Millionen Mark gab.

Die Gesellschaft hatte aber auch noch etwas anderes: 50 Millionen in bar.

Das war wohl der wichtigste Punkt in der Empfehlung von Dr. Rolf an Imhoff. Die Idee war geboren. Imhoff und Rolf besuchten Imhoffs Freund, den Bankier Alfred Herrhausen, an einem Sonntagvormittag in dessen Privatwohnung im sogenannten »Kutscherhaus«. Ihr Plan:

Nachdem Schering seine Aktien vernichtet hat, macht Imhoff den verbliebenen Aktionären in Zeitungsannoncen ein Angebot: Er bietet für jede 100-Mark-Aktie, deren Preis damals bei etwa 85 Mark stand, 200 Mark. Wenn er alle Aktien erhält, muß er etwa 18 Millionen Mark zahlen.

Geht nun alles schief und ein Teil der Stadt Oberhausen stürzt in darunter liegende alte »Concordia«-Stollen, muß Imhoff mit den 55 Millionen Mark Rückstellungen und Barmitteln der Firma für die Schäden aufkommen.

Mehr als die Firma hat, muß sie nicht bezahlen. Ein Anspruch auf das private Vermögen von Imhoff oder von Stollwerck besteht nicht. Selbst im schlimmsten Falle könnte er also nur seine 18 Millionen Mark Einstandspreis verlieren. Viel Geld, sehr viel Geld für ihn und Stollwerck, aber ein Risiko, das sich lohne.

Herrhausen hatte interessiert zugehört. »Und diese 18 Millionen Einstandspreis, um die Aktien zu kaufen, die haben Sie?«

»Nein«, sagte Imhoff: »Deshalb bin ich ja hier. Das Geld will ich von Ihnen.« Und er bekam es. Das vorgesehene Szenario lief ab.

Stollwerck war mit einem Schlag um 50 Millionen Mark liquider, konnte Investitionen vornehmen, an die das Unternehmen nicht zu denken gewagt hatte. Gleichzeitig begann »Concordia« wieder zu florieren. Die üblichen Bergschäden wurden ungleich schärfer als bisher überprüft.

Der große Chemie-Konzern Schering hatte alle gemeldeten Schäden fast anstandslos bezahlt, um keinen Schatten auf den Glanz seines Namens fallen zu lassen. Jeder Hausbesitzer in Oberhausen kannte den Vers:

> »Hast Du Risse in der Wand,
> kommt ›Concordia‹ angerannt.«

Das wurde unter Kostenkiller Imhoff anders.

Die Ausgaben für die Begleichung von Bergschäden wurden halbiert. Die Hälfte der Zechensiedlung wurde modernisiert. Es wurde wieder Dividende ausgeschüttet. Die Aktie kletterte auf über 500.

Aber dann rückten in Oberhausen, wie im Kölner Severinsviertel, Bürgerinitiativen an, die versuchten, den Besitzer von Stollwerck als Immobilienhai anzuprangern.

»Wer's nötig hat«, sagte er, » muß es ertragen.« Er hatte es nicht nötig und verkaufte »Concordia« nach zehn Jahren – mit mehr als 50 Millionen Gewinn.

Nicht alle Ausflüge des Hans Imhoff auf fremdes Terrain

waren so einträglich: Die Aquisition von Weingeschäften und einer Modegesellschaft brachte mehr Mühe als Geld. Doch ehe es teuer werden konnte, war man wieder getrennt.

Imhoffs Neugier auf neue Betätigungsfelder war damit nicht gestoppt. »Wir sind jeden Tag auf Brautschau«, meinte er 1979.

Ähnlich wie sein Vormarsch bei der Diversifikation verlief sein Feldzug an der Schokoladenfront: Fünf Siege und eine Schlappe.

– 1857 hatte der Konditormeister Ernst Staengel in Stuttgart eine Firma gegründet, die sich nach dem Eintritt seines Schwagers Karl Ziller mit den Anfangsbuchstaben ihrer Besitzer nannte: Zunächst S & Z, später geschrieben wie gesprochen: »Eszet«. 117 Jahre später war das Familienunternehmen am Ende. Erst Vergleich, dann Konkurs. Stollwerck erwarb die Marke. Die Spezialität von einst ist ihre Spezialität geblieben: Eszet-Schokoladen-Schnitten als Brotbelag schmücken die Stollwerck-Bilanz.

– Die zweite Stuttgarter Nobel-Firma für Schokolade war noch älter: »Waldbaur« wurde 1848 gegründet. 1976 war auch sie in Schwierigkeiten. Hans Imhoff erkannte den Wert der Marke. Er kaufte sie, trotz ihrer Probleme. »Wir schaffen das«, sagte er: »Wissen Sie warum? Weil wir uns das knallhart vorgenommen haben.« Und »Waldbaur« blieb im Markt, blieb zum Ruhm und Reichtum Stollwercks Marktführer für »Katzenzungen« und »Kernbeißer«, eine Tafelschokolade mit ganzen Nüssen.

– Und dann kam »Sprengel«. Ebenfalls Mitte des vergangenen Jahrhunderts, um 1851, zunächst in Hamburg gegründet und später nach Hannover umgezogen, war es drei Generationen hindurch im Familienbesitz gewesen und Marktführer im deutschen Norden geworden. 1972 hatte der US-Konzern Nabisco die Mehrheit erworben und Kaugummi ins Programm genommen. Nach sieben Jahren machte Sprengel jährlich zweistellige Millionenverluste. Trotzdem erwarb Imhoff das am Rande des Ruins taumelnde Unternehmen – obgleich er dessen Innereien aus Gründen der Geheimhaltung nur einmal am späten Abend beim Schein einer Taschenlampe in Augenschein hatte nehmen können. »Sprengel hat mich schon immer fasziniert. Da ist viel Substanz im Markt, insbesondere im norddeutschen Raum. Wir werden etwas daraus machen.«

Am 21. Oktober 1979, dem Tag des Verkaufs, trat er gegen 14.00 Uhr in der überfüllten Werkhalle im Brinker Hafen vor die fast tausendköpfige Belegschaft:

»Ich heiße Hans Imhoff, bin 1,70 m groß, wiege 90 Kilo, habe vier Kinder und bin gesund«, sagte er: »Wir wollen doch mal sehen, ob wir Sprengel nicht wieder nach oben stemmen.« Und nach oben stemmten sie es.

Ohne Stollwerck hätte Sprengel zumachen müssen. Das Unternehmen war in einem katastrophalen Zustand, laut Imhoff »konkursreif«. Eine Sanierung würde über 20 Millionen Mark verschlingen.

Würde das Land Niedersachsen mit einem Investitionszuschuß helfen? Arbeitsplätze standen auf dem Spiel. Die Wirtschaftsministerin Birgit Breuel ließ den neuen Sprengel-Besitzer Hans Imhoff kalt abfahren: »Sie können doch nicht in die Jauche springen und erwarten, daß der Staat sie

hinterher parfümiert.« Er solle erst einmal Arbeitsplatz-
garantien für fünf Jahre abgeben.

Noch einen Grad kühler war Imhoffs Schlußwort per Telex
an die Ministerin: »Behalten Sie Ihr Geld und ich meine unternehmerische Freiheit.«

Hans Imhoff sanierte Sprengel auf eigene Faust – ohne
staatliche Hilfe. Schon im Kaufjahr 1979 stieg der Bekannt-
heitsgrad der Marke von 30 auf 50 Prozent.

So hatte der Mann aus Bullay in weniger als zwei Jahrzehnten fünf große Schokoladen-Namen, deren Tradition
stets tief ins vergangene Jahrhundert reichte, in seinem
Konzern vereinigt: Stollwerck und Sprengel, Hildebrand,
Eszet und Waldbaur.

Und so, wie er Stollwerck, Sprengel und Hildebrand neue
Fabriken baute, so errichtete er in jener Zeit auch noch
im Ausland zwei der modernsten Schokoladenwerke der
Welt: In Belgien und im Mekka der Schokolade – in der
Schweiz.

– 1963 hatte er eine gebrauchte Packmaschine für Tafelschokolade an die »Chocolat Titlis S. A.« in Caslano bei Lugano in der Schweiz verkauft. Doch außer einer Anzah-
lung kam kein Geld. Das Werk lag still, war beinahe pleite.
Imhoff erstand es für ein Ei und Butterbrot – und war
fortan der einzige deutsche Schokoladenhersteller mit
einer Fabrik in der Schweiz. Er taufte die Schokolade in
»Alprose« um und baute ihr 1982 ein neues Werk auf der
grünen Wiese. Dort wurden 1996 insgesamt 126000 Tonnen Schokolade für über 80 Länder produziert.

– Im gleichen Jahr, in dem das neue Werk für »Alprose« entstand, erwarb Hans Imhoff eine zweite ausländische Tochter: Die »Chocolaterie Jacques S.A.« im belgischen Eupen. Auch die Tradition dieser Firma reichte bis in das letzte Jahrhundert zurück. Doch auch sie – inzwischen im Besitz der Nahrungsmittel-Gruppe Continental Sweets – stand vor Problemen, die sie selbst nicht mehr zu meistern wußte. Imhoff übernahm sie und versprach, wenn die Sanierung glücke, werde er nach fünf Jahren eine neue Fabrik bauen.

Jacques war nach einem Jahr saniert.« Wir haben wieder ein bißchen Schwein gehabt«, stapelte Imhoff ein bißchen tief: »Aber wir haben uns auch verdammt dafür gequält und geplagt.«

Und nach fünf Jahren stand in Eupen die versprochene neue Fabrik. Melchior Wathelet, der Ministerpräsident der wallonischen Region Belgiens, sagte bei der Eröffnung: »Es gibt im Deutschen ein Sprichwort: Jemanden durch den Kakao ziehen. Das kennen wir Belgier nicht. Für uns wird künftig ›Jemanden durch den Kakao ziehen‹ bedeuten: Jemandem Glück bringen.«

Jacques produzierte 1996 insgesamt 201 000 Tonnen Schokolade und gehört zu den wichtigsten Pfeilern des Stollwerck-Konzerns.

Und noch ein drittes Werk im Ausland wurde von Hans Imhoff gebaut: Zusammen mit dem gewerkschaftseigenen Koor-Konzern gründete er in Israel die »Rose of Galilee Chocolate & Candy Industries Ltd.«. In der heiligen Stadt Safed in Galiläa entstand die leistungsfähigste Schokoladenfabrik des Landes.

Vize-Premier und Außenminister Shimon Peres und Ariel Sharon, Minister für Handel und Industrie, waren unter den 1200 Gästen bei der Einweihung 1986. Doch schon wenige Monate später geriet der Koor-Konzern in schwere See. Imhoff zog sich aus Israel zurück, ohne schwerwiegende Verluste, aber mit einer schwerwiegenden Erkenntnis: Sein Leben lang hatte er darauf bestanden, Herr im Haus zu sein und ohne gleichstarken Partner zu operieren. In Israel hatte er diesen Grundsatz erstmals durchbrochen. Es sollte auch das letzte Mal gewesen sein.

In der zweiten Hälfte der achtziger Jahre waren es 15 Jahre, die Hans Imhoff an der Spitze von Stollwerck stand, 15 Jahre der Expansion, 15 Jahre wilden Wuchses. Zeit für eine generelle Neuordnung.

– Hans Imhoff hielt über 95 Prozent aller Stollwerck-Aktien (die verbleibenden Aktien reichen nicht einmal mehr aus, eine Sonderprüfung zu beantragen).
– Die Schokoladen-Aktivitäten wurden in der Stollwerck AG gebündelt.
– Die anderen Aktivitäten wurden direkt der Imhoff-Gruppe unterstellt.

Stollwerck war das Zentrum des Imperiums. Der Umsatz der AG hatte sich seit Imhoffs Eintritt vervielfacht, die Zahl der Mitarbeiter betrug in der zweiten Hälfte der achtziger Jahre fast 5000.

In allen Stollwerck-Bastionen, in Porz und Berlin, in der Schweiz und Belgien hatte Hans Imhoff in dieser Zeit stets für einen enormen Vorsprung an Technik gesorgt. 1982 hatte er darum auch seine alte, erste Fabrik in Bullay, die

ihm ans Herz gewachsen war, zugemacht und später ein-
ebnen lassen.

»Menschen stellen die Weichen«, davon war er überzeugt:
»Ohne Menschen läuft und verändert sich nichts. Aber
nur die neuesten Maschinen garantieren den Erfolg im
Markt.«

Was immer den Namen Stollwerck trug, erstrahlte in
Hochglanz – sogar das alte Stollwerck-Haus in Kölns Hoher
Straße. Es war 1906 vom Architekten Carl Moritz gebaut
worden, ein monumentaler Pfeilerbau mit Fassaden-Bögen,
Steildach, Turm und mit einem prachtvollen Stollwerck-
Laden im Erdgeschoß.

Im Zweiten Weltkrieg war das Gebäude bei einem Bom-
benangriff schwer beschädigt und in der Nachkriegszeit in
moderner Form neu aufgebaut worden, häßlich, wie der
Zeitgeschmack. 1985 stellte nun Hans Imhoff im Kölner
Rathaus den Entwurf der Architektin Claudia Lindener für
eine vollständige Neugestaltung vor.

Der schon im nächsten Jahr fertiggestellte neue Bau ähnelt
dem Original. Auf dem Marmorboden einer Einkaufspas-
sage von 14 Meter Höhe steht eine Bronzeskulptur des Bildhauers Gerhard Marcks aus dem Jahr 1965: Gäa, die grie-
chische Göttin der Erde. Und über dem Steildach des Hauses erhebt sich wieder wie einst ein Turm.

Über zwölf Millionen wurden von Stollwerck für den Neubau dieses Wahrzeichens der Rhein-Metropole ausgegeben.
Auf eine Fischbratküche und einen Sexshop als Mieter
wurde verzichtet – auch wenn es 400 000 Mark an Einnahmen kostete.

Vor Kraft strotzend und kerngesund rüstete sich Stollwerck

am Abend dieses Jahrzehnts zu seinem 150. Geburtstag, ein Tag, den die Stadt nicht so schnell vergaß.

»Ein bißchen stolz sind wir schon«, schrieb Hans Imhoff in seinem Geschäftsbericht: »Stollwerck feiert sein Jubiläum in hervorragender Verfassung. Die Gesellschaft ist finanziell völlig unabhängig, praktisch ohne Bankschulden, die Fabriken auf höchstem technischen Niveau, die Mitarbeiter sind motiviert. Rundherum stimmt alles.

Im Jahr 1988 hatten wir den höchsten Umsatz unserer 150jährigen Geschichte, nämlich 708,7 Millionen Mark!«

Imhoff-Biograph Hans-Josef Joest brachte zum 150. Geburtstag eine eindrucksvolle Festschrift heraus: »Das Abenteuer einer Weltmarke.« Und zum 8. Januar 1989 lud Hans Imhoff 1300 Gäste zur Geburtstags-Gala ins Opernhaus. Wer konnte, kam. Es war eine rauschende Ballnacht. Der Schokoladen-König hielt Hof.

Als »Bonbon des Jahres« war das Fest im Programmheft angekündigt. Tausende bunter Luftballons schmückten die Oper. »Living Dolls«, Menschen in Puppengestalt, verteilten Pralinen im Foyer. Mit Pauken und Trompeten begrüßte die Vierzig-Mann-Kapelle der Bürgergarde »blau-gold« die Eintreffenden.

Zwei Stunden schüttelten Hans Imhoff und seine Frau Gerburg die Hände ihrer Gäste, darunter Ehepaar Walter Scheel und Hans-Jürgen Wischnewski, Otto Wolff von Amerongen, Kurt Biedenkopf und Erivan Haub, die Ministerinnen Dorothee Wilms und Anke Brunn, Kanzler-Enkel Max Adenauer und Oberbürgermeister Norbert Burger, Kunstmäzen Peter Ludwig und »Express«-Herausgeber Alfred Neven DuMont. Und natürlich die Creme der lieben

Konkurrenz, von Cadbury bis Nestlé, von Sprüngli bis Suchard.

Die Festaufführung war eine Premiere: »Der Kamelle-Prinz« von Gérard Schmidt. Nach dem letzten Vorhang erschien noch ein Geburtagskind, um zu gratulieren: Kölns beliebtester Volksschauspieler Willy Millowitsch, der an diesem Tage 80 geworden war.

»Ein ganzer Kerl«, meinte Hans Imhoff. Gemeinsam saßen sie auf der Bühne und sahen einem Samba zu, der zu ihren Ehren getanzt wurde – von einem Männerballett in bunten Volants mit viel Bein.

So ausgelassen das Jahr begonnen hatte, so düster wurde der Sommer: Mit einem Blutbad auf dem »Platz des Himmlischen Friedens« in Peking erstickte Chinas kommunistische Führung studentische Forderungen nach Demokratie. Da ordnete Hans Imhoff den Abbruch einer Operation an, die er mehr als sechs Jahre vorbereitet hatte: Die Eroberung des chinesischen Marktes.

In China hat seit Anbeginn der Geschichte etwa ein Fünftel der Menschheit gelebt. Heute sind es über eine Milliarde von über fünf Milliarden. Jeder Chinese ißt im Durchschnitt nur einige wenige Gramm Schokolade im Jahr, jeder Deutsche einige tausend Gramm. Welch ein jungfräulicher Markt! China war daher der erste kommunistische Staat im Osten, der das Interesse des Hans Imhoff erregte: »Da wollte ich hin.« Im Frühling 1983 besuchte er mit einer Delegation der deutschen Süßwaren-Industrie das Riesenreich.

Sein Sohn Hans Imhoff jr., der ihn begleitete, schrieb in einem zusammenfassenden Reisebericht: »Die chinesische

Süßwaren-Industrie ist hinter der deutschen Süßwaren-Industrie etwa 30 bis 50 Jahre zurück.«

Bei der Besichtigung des Yi-Li-Werks in Peking sah Hans Imhoff sen. ein eindrucksvolles Indiz für diese These: Mit flinker Gewandtheit wickelten junge Arbeiterinnen dort Bonbons und Schokoladentafeln von Hand ein. Imhoff entsann sich: »Das haben wir nicht einmal mehr in Bullay nach der Währungsreform gemacht.«

Spontan versprach er dem Unternehmen Yi Li eine Einwickelmaschine von Stollwerck. Noch im selben Jahr tauchte unter Leitung des Vizeministers für Leichtindustrie, He Zhiha, eine chinesische Abordnung in Köln-Porz auf, um über eine mögliche Zusammenarbeit zu verhandeln.

Der gemeinsame Bau einer Schokoladenfabrik wurde anvisiert: 50 zu 50. Aber, so versicherte Imhoff: »Wir machen auch 75 Prozent.«

Im Dezember des nächsten Jahres sah man sich wieder: Hans Imhoff und Egon Gredig saßen auf dem Frankfurter Flughafen zwölf Stunden fünf Chinesen aus Shanghai gegenüber. Die angefertigte Gesprächsnotiz trug den Titel: »Bau einer Schokoladenfabrik in China.«

Im Text hieß es:

»Herr Imhoff führte aus, daß er gewillt ist, eine Tafel-Schokoladen-Fabrik in Shangai zu erstellen und zu betreiben, wobei folgende Kriterien eine Rolle spielen:

Von den Chinesen müßte ein Gelände von ca. 20000 qm zur Verfügung gestellt werden... Das Gelände muß Wasser-, Abwasser- und Stromanschluß haben.

Auf diesem Gelände würde, ohne jegliche Kosten für die Volksrepublik China, von Herrn Imhoff eine Fabrik errichtet werden in den Maßen 120 × 30 m mit einer Jahreskapazität im Zwei-Schichten-Betrieb von 20 000 to Tafelschokolade 100g. Die Fabrik stellt einen Wert von ca. 30 Millionen DM dar ... Nach 15 Jahren würde die Fabrik in das Eigentum der Volksrepublik China übergehen.«

Am 20. Mai 1985 konnte dann der deutsche Botschafter in Peking, Per Fischer, der Yi-Li-Lebensmittelfabrik in Peking die geschenkte Stollwerck-Maschine zur Schokoladenverpackung übergeben – mit einer Packkapazität von 100 Tafeln pro Minute. Der Minister für Leichtindustrie war dabei.

In seinem Bericht an das Auswärtige Amt in Bonn teilte der Botschafter darüber mit: »Die Botschaft unterstützt die Bemühungen der deutschen Süßwaren-Industrie, in China Fuß zu fassen, da mit steigendem Lebensstandard ein erhebliches Marktpotential zu erwarten ist.«

An Hans Imhoff schrieb der Diplomat:

»Ich wünsche Ihnen weiterhin Erfolg bei Ihren Bemühungen, mit China ins Geschäft zu kommen, und verbleibe mit der Bitte um Empfehlungen und herzlichen Grüßen

Ihr Per Fischer.«

Die Bemühungen mit China ins Geschäft zu kommen gestalteten sich zusehends zäh. In einer Sitzung mit einem chinesischen Minister begehrte Imhoff auf: »Jetzt sitzen wir seit sechs Stunden hier und sind genausoweit wie am Anfang.«

Würdevoll entgegnete der Minister: »Sie denken in Tagen, Wochen, Monaten – höchstens in Jahren. Wir planen für Jahre, Jahrzehnte – vielleicht für Jahrhunderte.«

Bei soviel Weisheit, meinte Imhoff, müßte es doch eigentlich möglich sein, im Reich der Mitte ein Grundstück von

20 000 Quadratmetern zu finden. Aber man trat auf der Stelle und kam nicht weiter.

1988 erfolgte die Lieferung einer gebrauchten Stollwerck-Anlage zur Schokoladen-Herstellung nach Shanghai: 14 Lkw-Ladungen in einem Wert von 500 000 Dollar.

18 Chinesen waren nach Köln-Porz gekommen, um die Schokoladenstraße auseinanderzunehmen. Imhoff: »Sie numerierten jede Schraube.«

In der »Childrens Food Factory« in Shanghai wurde die Produktionslinie unter Anleitung von zwei Stollwerck-Mitarbeitern wieder aufgebaut. Sie arbeitete einwandfrei.

Aber der Start des Baus einer gemeinsamen Fabrik ließ immer noch auf sich warten. Erst am 16. Mai 1989, sechs Jahre nach der ersten Visite Imhoffs in China, traf von Herrn Cao Cheng-Xian, dem General Manager der »Childrens Food Factory« in Shanghai, ein Brief in Köln-Porz ein, in dem stand: »Natürlich bin ich bestrebt, unsere Kooperation zu unserem beiderseitigen Nutzen zu erweitern und fortzusetzen.«

Und unter dem Datum vom 11. Juni 1989 schickte Fabrikdirektor Cao Cheng-Xian im nächsten Monat schließlich einen »Letter of Intent«. Sieben Tage zu spät.

Denn am 4. Juni hatten die Schüsse auf Pekings »Platz des Himmlischen Friedens« die Welt erschüttert. Mit einem Blutbad bereitete die kommunistische Führung Rotchinas der demokratischen Opposition ein Ende:

Stollwercks Repräsentant Karsten Weber hielt sich damals gerade in Chinas Hauptstadt auf. Hans Imhoff rief ihn zurück und brach alle Verhandlungen mit China ab.

»Glauben Sie mir, wir schlafen bei Stollwerck nicht«, sagte

er sieben Jahre später seinen Aktionären: »Auch China haben wir noch nicht aus dem Auge verloren.« Aber die Enttäuschung saß tief. Erst Anfang 1997, nachdem er Fabriken in Thüringen, Ungarn, Polen und Rußland hatte, begann er sich wieder für China zu interessieren.

Deng Xiaoping, der große Mann in China, starb im Februar 1997. Am ersten Tag des nächsten Monats besuchte ich Hans Imhoff in Köln. Es war Samstag. Verlassen lag die Hauptverwaltung von Stollwerck. Nur der Sieben-Tage-Arbeiter im Chefzimmer saß ohne Krawatte an seinem Schreibtisch. Ein Pullover war sein Zugeständnis ans Wochenende. »Ich glaube«, sagte er, »unsere nächste Fabrik steht in China.« Die Pläne sind längst fertig.

XI
Der Mäzen

Togo, an der Westküste Afrikas gelegen,war 1884 deutsches Schutzgebiet geworden und wurde nach dem Ersten Weltkrieg teils britisches, teils französisches Mandatsgebiet.

Nach dem Zweiten Weltkrieg schlugen die Briten ihren Teil dem neuen Staat Ghana zu. Die Franzosen entließen ihr Terrain als Republik Togo in die Unabhängigkeit.

Der kleine Staat hat nur etwa 3,7 Millionen Einwohner, fast die Hälfte von ihnen ist jünger als 18 Jahre. Pro Jahr und Kopf wird ein Bruttosozialprodukt von 380 Dollar erwirtschaftet (zum Vergleich: 25 000 Dollar in Deutschland). Das Land wurde von der UNO als eines der am wenigsten entwickelten Länder der Welt eingestuft. Es lebt vornehmlich vom Export von Phosphat und landwirtschaftlichen Erzeugnissen wie Kaffee und Kakao, Palmprodukte, Erdnüsse und Baumwolle.

Erster Staatschef wurde 1960 Präsident Sylvanus Olympio. Gegen ihn putschte drei Jahre später eine aus dem Norden des Landes stammende Offiziersgruppe. Zu ihr gehörte der ehemalige Feldwebel der französischen Armee, Gnassingbé Eyadema, der für Frankreich in Indochina, Algerien und Niger gekämpft hatte, ehe er in seine Heimat Togo zurückgekehrt war. Er soll dabeigewesen sein. als der flüchtende Präsident Olympio getötet wurde.

Eyadema stieg zum Generalstabschef der Armee auf, stürzte 1967 auch Olympios Nachfolger, erklärte sich selbst zum Präsidenten. 30 Jahre später war er es immer noch.

1971 hatte er erstmals die Bundesrepublik Deutschland bereist. Der ehemalige Bundespräsident Heinrich Lübke, ein Freund des toten Olympio, ließ sich damals die rechte Hand verbinden und entging so einem Händedruck des Gastes. Bei diesem Besuch lernte Eydema auch Franz Josef Strauß kennen. Beide verband die Leidenschaft zur Jagd.

Als sich 1984 die Unterzeichnung des deutsch-togolesischen Vertrages zum hunderdsten Mal jährte, flog Strauß als Vorsitzender des Bundesrates für die Bundesrepublik Deutschland zu den Feierlichkeiten nach Lomé. Togos Konsul im menschenreichsten deutschen Land Nordrhein-Westfalen, Hans Imhoff, flog mit ihm.

Imhoff hatte einst Präsident Eyadema angeboten, zehn Jahre lang, Togos gesamte Kakao-Ernte zum Welthandelspreis abzunehmen. Dazu hätte auch ein beträchtlicher Teil von teurem Ghana-Kaffee gehört, der regelmäßig heimlich über die Grenze zwischen den beiden Staaten verbracht wurde. Der Vertrag kam zwar nie zustande – Eyademas Umgebung machte lieber Geschäfte mit Paris –, aber Imhoff war im Sommer 1983 dennoch Konsul des Landes für NRW geworden.

Sein Flug mit Strauß nach Togo geriet zum Flug mit Hindernissen. Erst mußte die Boeing »Deutschland« wegen eines technischen Defektes einen Probestart absolvieren, ehe die Delegation einsteigen durfte.

Dann tankte die Maschine für den weiten Flug soviel Treibstoff, daß an anderer Stelle Gewicht eingespart werden mußte. Ergebnis: Gegen Ende des Fluges gab es für die Passagiere weder zu essen noch zu trinken. Aber die Landung verlief glatt. Folkloregruppen begrüßten die Gäste.

Strauß hatte in drei Eigenschaften Präsente für Eyadema im Gepäck:

– Als Vertreter Bonns erließ er ihm über 200 Millionen Mark Schulden, die Togo bei Bonn hatte, und übergab ihm 20 Lastwagen und anderes Gerät für den Hafen von Lomé.
– Als bayerischer Ministerpräsident verlieh er ihm den bayerischen Verdienstorden.
– Als Privatmann schenkte er ihm – von Jäger zu Jäger – einen Hirschfänger.

Auch Konzernchef Hans Imhoff war nahegelegt worden, eine Gabe mitzubringen. Er hatte ein teures Service einpacken lassen, ein etwa acht Kilo schweres Paket.

Doch statt es zu überreichen, schleppte er es nach Tagen wieder mit zurück, heim in die Bundesrepublik. Zu sehr hatte ihn die Diskrepanz zwischen dem Luxus der Oberschicht und der Armut der Bevölkerung irritiert; die einen profitierten sehr an der Entwicklungshilfe aus den Industrienationen, die anderen kaum.

Ein Jahr später legte Imhoff eine 100 Seiten starke »Studie über die technischen, wirtschaftlichen und politischen Aspekte der Kakao-Produktion und des Kakao-Verbrauchs« vor, die ihm die Doktorwürde der Agrarwissenschaften der Universität Bénin in Togos Hauptstadt Lomé eintrug.

»Mehr noch als eine gängige Verbraucherware«, so heißt es

in der Arbeit, »ist der Kakao ein Symbol des Abstandes zwischen den reichen Industrieländern, das heißt seinen Konsumländern, und den armen Entwicklungsländern, die ihn hervorbringen ... Wenige Produkte illustrieren in einem so deutlichen Maße wie der Kakao die Kluft, die zwischen den Entwicklungsländern und den Industrieländern besteht.«

Wie diese »Kluft« zu schmälern sei, das beschäftigte ihn 1988 in einer zweiten ausführlichen Arbeit. In seinem Buch »Kakao – Das wahre Gold der Azteken« machte Hans Imhoff dabei den »Dualismus« als eines der Kernprobleme der Entwicklungsländer aus.

»Dualismus«, das ist das Nebeneinander von zwei gegensätzlichen Entwicklungen: eines fortschrittlichen Wirtschaftssektors, der an Weltmarkt und Entwicklungshilfe verdient und dessen Wohlstand sich in Wolkenkratzern oder Luftlinien afrikanischer und asiatischer Metropolen widerspiegelt und eines rückschrittlichen Wirtschaftssektors, der vor allem in der Landwirtschaft im Landesinneren herrscht, die von den Geschäften der herrschenden Klasse weitgehend ausgeschlossen ist.

Die gängige These, daß dieser »Dualismus« Folge der Kolonialherrschaft sei, wurde von Imhoff relativiert. Seit Jahrzehnten hätten inzwischen Regierungen unabhängiger Staaten in Afrika und anderswo die gleiche ungesunde Wirtschaftsform des »Dualismus« gepflegt, wie einst die Kolonialherren.

Imhoff plädierte für eine gleichmäßigere Entwicklung der beiden Wirtschaftssektoren, um die »Kluft« zwischen Industrienationen und Entwicklungsländern zu verringern. Sein Schluß: »Sicher darf man den Entwicklungsländern die Verantwortung für ihr eigenes Handeln in den vergangenen Jahrzehnten nicht absprechen. Ihr Versagen darf aber nicht zu einem überheblichen Vorurteil führen. Es ist nicht leicht, in Unterdrückung zu leben, schwer aber fällt es auch in Freiheit zu leben.«

Die Universität Witten/Herdecke ernannte Hans Imhoff daraufhin nicht nur wegen seiner unternehmerischen Leistung, sondern auch wegen seiner wissenschaftlichen Arbeit über die »Probleme zwischen Erzeuger- und Verbraucherländern« zum Doktor der Wirtschaftswissenschaft honoris causa.

Das Engagement des Konzernchefs einer Industrienation für die hinterherhinkende Landwirtschaft in den unterentwickelten Weltländern, das ihm zwei Doktorhüte eintrug, wurzelte in Sorge und Sachverstand.

So spektakulär Imhoffs Auftreten als Unternehmer in Deutschland zuweilen zu sein pflegte, so unauffällig ist seine Rolle in diesem Bereich der internationalen Politik. Er will wirken, nicht wirbeln – in einer Welt voll Wichtigtuer kein weitverbreiteter Wesenszug.

Die gleiche Maxime der Unauffälligkeit hat sich Hans Imhoff auch als Mäzen zu eigen gemacht. Im Gegensatz zu manchen anderen liegt ihm wenig an Aufsehen. Imhoff: »Wer zu laut Geld verschenkt, weiß meist nicht, wie Tarifverhandlungen ablaufen.« Dennoch gab er reichlich – wie die Million an die ehemalige DDR-Stadt Saalfeld, heute ein Stollwerck-Standort. Vier andere Beispiele:

– Die nach einem Märtyrer aus dem 4. Jahrhundert benannte St.-Gereons-Kirche, die älteste der elf romanischen

Kirchen Kölns, die im Krieg schwer beschädigt wurde, verdankt Hans Imhoff ein neues Portal für 100 000 Mark.

– 1995 errichtete er eine Stiftung über fünf Millionen Mark, mit dem Zweck, »die Universität zu Köln, vorrangig deren Medizinische Fakultät«, zu fördern. »Hans Imhoff hat sich in wahrlich ungewöhnlichem Maße um unsere Fakultät verdient gemacht«, sagte Professor Dr. W. Rüßmann in seiner Laudatio, als die Universität sich mit der Ehrendoktorwürde bedankte. »Sie sehen vor sich einen glücklichen Mann«, antwortete Hans Imhoff.

– An der Stollwerck-Straße 35 in Porz liegt eine große moderne Reithalle mit Stallungen und Weiden. Das Drei-Millionen-Anwesen ist seit vier Jahren »Zentrum für therapeutisches Reiten e.V.«, an dem sich Stadt und Universität mit engagiert haben, wenn auch nicht mit Geld. Über 200 Kinder mit psychischen oder körperlichen Leiden werden dort wöchentlich betreut. Der Umgang mit den Pferden hilft ihre Leiden zu mildern oder zu heilen. Ehefrau Gerburg Imhoff ist die Erste Vorsitzende des Zentrums. Tierliebe atmen dort selbst noch die Nachrichten am Schwarzen Brett: Eine Briard-Hündin erwartet Nachwuchs: »Der Papa ist ein Mischling.« Und der »Freiburger Wallach Valentino, ein dreieinhalbjähriger Fuchs ist gegen 10 000 Mark abzugeben – nur in gute Hände«.

Ein Denkmal allerdings hat der heimliche Mäzen sich doch gesetzt: Für 53 Millionen Mark baute Hans Imhoff in Köln direkt am Rhein ein Schokoladen-Museum, das auf der Welt nicht seinesgleichen hat – ohne einen Pfennig öffentlicher Subvention.

Selbst fortschrittliche Geister und kritische Journalisten waren benommen und suchten nach Erklärungen. »Ich bin der festen Überzeugung«, meinte der Kölner Autor Martin Stankowski, »daß Imhoff in altkölsch-katholischer Manier zur Exkulpation seines schlechten Gewissens und seiner vielen Sünden den Zehnten seiner mannigfachen Beute zurückgibt.«

Zumindest die Richtigkeit des Prozentsatzes mag man bezweifeln. Tatsächlich aber spielt das Museum im Leben des Hans Imhoff eine Rolle, deren Bedeutung den finanziellen Aufwand noch übersteigt. »Das war mein Traum«, sagt er.

Indes, selbst bei der Verwirklichung dieses Traums verlor er nie den Boden unter den Füßen. »Sonst hätte ich mich doch in Köln bis auf die Knochen blamiert.« Um das zu vermeiden, prüfte er sein Ziel in den Wolken erst einmal unter irdischen Bedingungen.

1989 ließ er das Kölner Heiligtum »Gürzenich« zwei Monate umbauen – für eine siebenwöchige Ausstellung über die Kulturgeschichte der Schokolade.

Das kostete ihn zwar rund eine Million Mark, war aber in der neudeutschen Bankersprache »Peanuts« verglichen mit dem, was ein Museum verschlingen würde.

321 000 Menschen besuchten in 50 Tagen die Ausstellung, täglich über 6400. Mehr waren schon rein technisch kaum durchzuschleusen. Imhoff: »Als die Schlange der auf Einlaß Wartenden 300 Meter lang um einen Block reichte, da wußte ich: Dann geht auch das Museum.«

Dennoch war ihm selbst dieser Test noch nicht genug. Im Herbst 1991 wurde in seinem Werk am Luganer See neben der Fabrik ein kleines Museum im Zelt errichtet, in dem vom Kakaobaum bis zur Schokoladentafel jeder Herstellungsschritt gezeigt wird: »Schoko-Land Alprose – Die Welt der Schokolade.«

Von einer Galerie aus können die Besucher die Produktion im Werk beobachten. Am Eröffnungs-Samstag kamen 3000 Besucher, am Sonntag 6000. Bis heute waren es über eine Million.

Nun erst war Hans Imhoff seiner Sache endgültig sicher. Im Herbst 1992 wurde mit dem Bau des Schokoladenmuseums in Köln begonnen.

Schon die Lage war exzeptionell – die Rheinau-Halbinsel im Zentrum der Stadt. Ursprünglich eine parkähnlich angelegte Insel, war das Eiland im Strom Mitte des vergangenen Jahrhunderts an seinem Südende mit dem Festland verbunden worden.

Ende des Jahrhunderts wurde die Halbinsel dann zum Rheinau-Hafen. Auf ihrer Nordspitze, die vom Festland über eine Drehbrücke zu erreichen war, entstand nach den Plänen des Architekten Georg Eberlein das Hafenzollamt.

Dieses alte Haus wurde Anfang der neunziger Jahre nach Plänen von Professor Fritz Eller mit modernen Konstruktionen aus Beton, Stahl und Glas zu dem neuen Museumsbau verschmolzen.

Mit der ihm eigenen Energie trieb Hans Imhoff den Bau voran, als sei es eine seiner Fabriken. »Dynamisches Vorandrängen … Ungeduld und Eile« hatte ihm einmal ein Graphologe bescheinigt.

Dem Bauherrn gelang denn auch, was außer ihm kaum jemand für möglich gehalten hatte: Das Museum mit 5500 Kubikmetern Beton und 130 Kilometern Elektrokabeln wuchs im Tempo seiner anderen Werke – es stand nach 13 Monaten.

Am 31. Oktober 1993 wurde es in Anwesenheit von Außenminister Klaus Kinkel eröffnet. Am ersten Wochenende kamen 14 000 Menschen.

Zum Vergleich: In Hamburg wurde Anfang 1997 für 100 Millionen Mark Steuergelder ein Museum der modernen Kunst gebaut und von Bundespräsident Herzog eröffnet, das am ersten Tag 1150 Bürger anzog.

Am 19. Dezember 1993 konnte im Kölner Schokoladenmuseum der hunderttausendste Besucher begrüßt werden. Vier Tage später erreichte der Rhein seinen höchsten Pegelstand des Jahrhunderts. Kölns Altstadt soff ab – und mit ihr das Museum. Alle Keller standen unter Wasser, fast sämtliche technischen Einrichtungen wurden zerstört. Der Schaden betrug fünf Millionen Mark. Aber die Ausstellungsräume blieben unversehrt.

In diesen Ausstellungsräumen von etwa 4000 Quadratmetern ist die 3000jährige Kulturgeschichte der Schokolade eingefangen – von einem feucht-schwülen Tropenhaus, in dessen Dschungel Kakaobäume ihre Früchte treiben, bis zu den ersten Stollwerck-Automaten, von Werkzeugen der Azteken bis zu Stollwercks erstem Fünfwalzenstuhl.

Beim Stollwerck-Umzug von Köln nach Porz, entsinnt sich Imhoff lächelnd, »hat sich viel alter Plunder und Schrott als Kulturgut erwiesen«.

Schokoladenreklame und Schokoladensammelbilder, Meißner Geschirr für Schokolade und Hohlformen für Weihnachtsmänner oder Osterhasen, Urkunden und Briefe – das Museum zeigt etwa 2000 Exponate.

»Es muß sich was bewegen«, war die Direktive, die Imhoff bei der Planung des Museums ausgegeben hatte. Museumsmittelpunkt wurde deshalb eine Miniproduktionsanlage. Der Besucher kann in zwei Etagen durch Bauteile aus Plexiglas beobachten, wie von der Kakaobohne bis zum fertigen Trüffel Schokolade entsteht.

Dazu ein Schoko-Shop, ein Restaurant und ein goldener Schokoladenbrunnen, der in der Dunkelheit weit über den Rhein leuchtet. Gesellschaftsräume im obersten Stock sind für Dinners oder Veranstaltungen zu mieten.

Das Imhoff-Stollwerck-Museum ist nach dem Museum des verstorbenen Konkurrenten Peter Ludwig von der Mohnheim-Gruppe Kölns zweites »Schokoladen-Museum«.

Allerdings: Ludwig – für Imhoff »Weltmeister in Sachen Kunst« – hat eine Sammlung moderner Malerei und Plastik hinterlassen. Imhoffs Leidenschaft dagegen gilt stets ein und demselben Gegenstand: »Dem wahren Gold der Azteken«.

»Niemand legt mir etwas ins Grab, noch nicht einmal eine Tafel Alpia«, sagte er 1994 einem Reporter: »Deshalb ist für mich das im Museum investierte Geld sinnvoll angelegt. Ich denke damit etwas Gutes zu tun.«

Das Museum beschäftigt heute 135 Mitarbeiter. Ehefrau Gerburg Imhoff ist Mitbesitzerin und Geschäftsführerin. Zehn Mark kostet der Eintritt, die Einnahmen decken die laufenden Kosten.

Die Anziehungskraft der Schokolade kann sich mit der von Caspar David Friedrich messen. Schon nach dem ersten Jahr konstatierte Imhoff zufrieden: »Ich habe gesagt, wenn das Museum kein Erfolg wird, wandere ich aus. – Ich bleibe.«

Bis Anfang 1997 kamen über 1,5 Millionen Menschen in sein Museum. Hans Imhoffs »Traum des Lebens« hatte sich erfüllt – getreu seinem Altkölner Wahlspruch:

>»Wer gitt, wat hä hät,
>es wät, dat hä läv.«

Für Nicht-Rheinländer:

>»Wer gibt, was er hat,
>ist wert, daß er lebt.«

Hans Imhoff hat meist mehr gegeben als die meisten.

XII
Die Nachfolge

Die Nachfolge

W as Hans Imhoff grämt, hängt mit einem Konzertflü-
gel zusammen: »Ich spiele nicht gut genug für mich.
Meine Hände sind nicht gut genug für meine Ohren. Ich
höre mir nicht gern zu.«

Wird er sich irgendwann soviel Zeit zum Üben nehmen,
daß die Ohren mit den Händen zufrieden sind? Wird er sich
irgendwann von seinen Geschäften zurückziehen?

1982 besuchte Claus Larass, der heutige Chefredakteur
von »BILD«, Hans Imhoff und schrieb darüber:

»Ein enger Freund fragte ihn einmal, wann er denn genug
habe und wie lange er weitermachen wolle. Imhoffs Antwort: ›Bis mir keiner mehr in den Hintern treten kann.‹ Das
freilich kann schon lange keiner mehr.«

15 Jahre sind seither vergangen und Imhoff hat immer noch
nicht aufgehört, hat noch immer keine Zeit für den Flügel.

»Was kann ich mit meinem Leben besseres anfangen als zu
arbeiten?« verteidigt er sich. »Natürlich schlagen die Grana-
ten immer dichter ein. Aber ob ich mich nun darum küm-
mere oder nicht, das ändert doch absolut nichts.«

Er trinkt statt zwei Flaschen Wein, wie in jungen Jahren,
nun nur noch eine halbe am Tag. Doch seine Grundgeschwindigkeit hat er nicht verändert.

»Ich glaube nicht, daß da oben ein alter Herr mit weißem Bart sitzt, der mich einweist«, äußerte er einmal gegenüber dem »Manager Magazin«. »Aber«, so ergänzt er heute, »ich bin meinem Schicksal dankbar, für das Leben.«

Dieses Leben wird wie jedes Leben in Freiheit von den Talenten des Betroffenen entscheidend geprägt. Leistungsvermögen, Verstand und Willenskraft Imhoffs sind außergewöhnlich. Er ist weise geworden, ohne alt zu werden. Und er ist älter geworden, ohne müde zu werden.

In den meisten Disziplinen des Daseins ist er vielen Menschen überlegen. Selbst seine angeborene Sehschwäche hat, so scheint es, die Natur durch besondere Schärfung andere Sinne mehr als ausgeglichen. »Er spürt sogar am Telefon, wenn irgend etwas nicht stimmt«, sagt TSW-Chef Harald Stäfe. Sein Wort ist so gut wie ein Vertrag. Seinen Mitarbeitern gegenüber ist er fürsorglich und nobel, zugleich sparsam und kostenbewußt. »Er ist ein Top-Boß«, sagt Ungarn-Chef Rothhaar. Er verlangt von anderen nichts, was er nicht selbst bringt. Niemand arbeitet bei Stollwerck härter als er.

Sein Fleiß sei sein Genie, wurde über ihn gesagt. Sosehr er den Fleiß schätzt, sosehr verabscheut er den Neid. Imhoff erinnert sich, wie es in den zwanziger Jahren war, als sein Vater ein schweres Motorrad mit Beiwagen fuhr: »Um dem Neid der Nachbarn zu entgehen, hielt er immer auf der Rückseite unseres Hauses, wenn er meine Mutter und uns Kinder aufnahm. Neid ist eine zugleich mächtige und widerwärtige Eigenschaft der Menschen.«

Jahrelang hing in seinem Büro der Wandspruch:

»Ohne Arbeit früh bis spät
wird Dir nichts geraten.
Neid sieht nur das Blumenbeet,
aber nicht den Spaten.«

Er besitzt ihn noch heute.

Es ist nicht die Lust an der Macht, sondern die Lust am Machen, die ihn treibt und nicht ruhen läßt: »Wenn es wahr wäre, daß das Alter alle ängstlicher macht, wäre ich heute nicht in Moskau. Aber vielleicht wird man milder. Mir fällt es heute schwerer als früher, eine Trennung auszusprechen.«

Modische Unternehmer-Rechtfertigungen sind ihm fremd. »Mein Wille zu Profit ist erkennbar«, brummt er. Und: »Keine Fabrik ist ein caritatives Unternehmen.«

Das alles macht Hans Imhoff zum Unternehmer. Unternehmer zu sein ist für ihn so wichtig und so selbstverständlich, wie Ein- und Ausatmen. »Wenn ich heute pleite ginge, würde ich morgen mit einem Bauchladen als selbständiger Unternehmer an der Ecke stehen«, sagte er. Auch als ihm das Wasser bis zur Unterlippe stand, war er nicht bereit, freiwillig seine Freiheit als Unternehmer aufzugeben

Beim Empfang der Ehrendoktorwürde in der Aula der Kölner Universität 1995 erinnerte er seine akademischen Zuhörer an Zeiten, die manche von ihnen wohl längst verdrängt hatten: »Ich stelle mir die Frage, ob ich vor 25 Jahren hier hätte stehen können, als Repräsentant einer Gesellschaftsordnung, die es nach Auffassung weiter Studentenkreise und auch einiger akademischer Lehrer dringend abzuschaffen galt.

Manche Unternehmer haben unter dieser gesellschaftlichen Strömung, die von den Universitäten ausging, persönlich gelitten – psychisch und sogar physisch.

Das war eine schwierige Zeit, denn die Unternehmer mußten lernen, mit Anfeindungen und Bedrohungen zu leben, die über das unternehmerische Wagnis weit hinausgingen. Das hat sich inzwischen verändert.«

Nicht verändert aber habe sich die Aufgabe des Unternehmers:

»Der Unternehmer – ganz gleich, womit er sich befaßt – muß Gewinn machen. Sonst geht er als nächstes zum Sozialamt. Dieser Zwang ist das tragende Element der Marktwirtschaft.«

Wenn Besitz und Führungsaufgaben in einer Hand vereinigt sind, hält Imhoff das für eine günstige Konstellation. Denn »Besitz ohne Führungsaufgaben ist Warten auf den Tod in einem luxuriösen Altersheim«.

Aber auch Führungsaufgaben ohne den dazugehörigen Besitz bergen für ihn Tücken. »So manches Unternehmen wird von seinem gehobenen Management ausgenommen wie eine Weihnachtsgans.«

Die selbstgestrickten goldenen Fallschirme, an denen in den letzten Jahren zahlreiche Spitzenmanager der deutschen Wirtschaft in ihre Pension schwebten, sprechen nicht gerade gegen seine These, genausowenig wie teure Büros und Firmenjets, gepanzerte Dienstwagen und Spesenkult.

Vor allem aber: Manager können nie Entscheidungen treffen wie ein Eigentümer. Sie riskieren fremdes Geld, er sein eigenes. Sie müssen sich vor Aufsichtsrat und Aktionären rechtfertigen, er nur vor sich selbst. Sie holen zur Absicherung von Vertrag und Pension immer noch Marketinguntersuchungen oder Gutachten ein, wenn er längst beschlossen hat: Das wird gemacht.

Diese Entscheidungsfreiheit und Entscheidungsschnelligkeit hat Imhoff stets einzusetzen gewußt. »Ohne diese Eigenschaften von Herrn Imhoff«, sagt Polen-Manager Thomasz Otomanski, »wäre Stollwerck nicht da, wo es ist.« Und selbst wenn – wie in Polen – die Konkurrenz einmal früher mit dem Bau einer Fabrik begann – Imhoff war eher fertig.

»Als Mitbewerber im deutschen und internationalen Markt habe ich Sie oftmals – verzeihen Sie – schlichtweg ›verflucht‹«, schrieb Walter Vieth, Geschäftsführer der »Wissoll«-Schokoladenwerke, an Hans Imhoff zu dessen jüngstem Geburtstag: »Sehr oft waren Sie dort, wo ich Geschäfte machen wollte, schon am Ziel – so wie in der Geschichte vom Hasen und Igel.«

Die Medien haben Hans Imhoff im Lauf der Jahre mehr gelobt als getadelt. Kaum einem anderen Industriekapitän wurden so viele Markenzeichen aufgeklebt:

– *Frankfurter Allgemeine Zeitung*: »Ein Magier.«
– *Stern*: »Der kleine süße Dicke.«
– *Manager-Magazin*: »Der letzte Kaiser.«
– *Capital*: »Kernbeißer.«
– *Markt & Wirtschaft*: »Mr. Stollwerck.«
– *DM*: »Ein süßer Dickschädel.«
– *Deutsche Zeitung*: »Napoleon der Schokolade.«

Politiker haben öfter seine Nähe gesucht. Als einer der letzten sagte Niedersachsens Ministerpräsident Gerhard Schröder sich 1995 in Köln an, besichtigte Werk und Museum und aß mit Imhoffs zu Hause zu Abend. Imhoff über den Lan-

desvater der Stollwerck-Fabrik »Sprengel« in Hannover: »Interessanter Typ, hochintelligent, clever, witzig und charmant«.
 Zu Imhoffs 75. Geburtstag im März 1997, zu dem er das »Große Verdienstkreuz« erhielt, flochten Politiker und Wirtschaftsführer mit ihren Gratulations-Schreiben dem Jubilar einen Lorbeerkranz

– Kanzler Helmut Kohl: »Sie können mit Stolz auf eine 50jährige Tätigkeit als Unternehmer zurückblicken ... Besonders dankbar bin ich Ihnen für Ihr Engagement in den neuen Bundesländern ...«
– Außenminister Klaus Kinkel: »Sie versinnbildlichen das deutsche Wirtschaftswunder ... Unternehmer wie Sie gibt es leider viel zu selten.«
– Nordrhein-Westfalens Ministerpräsident Johannes Rau: »Sie haben sich in Ihrem Leben vielfach um das Allgemeinwohl verdient gemacht ...«
– Bundesarbeitsminister Norbert Blüm: »Durch Fleiß, kaufmännisches Geschick und natürlich der notwendigen Fortune haben Sie ein Schokoladenimperium aufgebaut, das seinesgleichen sucht ...«
– Bundeslandwirtschaftsminister Jürgen Borchert: »Eine besondere Gnade ist es ... so lange aktiv und erfolgreich zu sein ...«
– SPD-Fraktionsvorsitzender Rudolf Scharping: »Gerne nehme ich die Gelegenheit, Ihr erfolgreiches unternehmerisches Wirken zu würdigen ...«
– FDP-MdB Otto Graf Lambsdorff: »Kompliment für das, was Sie in Ihrem Leben geleistet haben ... Machen Sie bitte so weiter.«

– Oetker-Gesellschafter Guido Sandler: »Sie sind einer der
großen und – was noch wichtiger ist – der sympathischsten
Unternehmer der Nachkriegszeit in unserem Lande.«
– Tengelmann-Besitzer Erivan Haub: »Sie sind meiner Meinung nach … an der Stollwerck-Spitze unersetzlich (obwohl ich als Mitbewerber wahrscheinlich eher Ihren voll-
ständigen Rückzug aus dem Geschäftsleben herbeisehnen
müßte).«

Was aber wäre, wenn der heute 75jährige wirklich einmal
auf den Gedanken käme, sich zurückzuziehen? Für das Vermögen ist Vorsorge getroffen. 1996 wurde eine Stiftung gegründet, die es für die Familie verwalten wird. »Die Konti-
nuität ist gewahrt«, sagt Imhoff. Natürlich auch die Konti-
nuität, daß er allein das Sagen hat, solange er will oder kann.

Aber dann? Wer soll sein Werk fortführen?

Das Dilemma ist so alt wie die Geschichte.

Ausnahme-Erscheinungen haben sich immer schwer getan, Nachfolger zu finden und heranzuziehen. Das galt in
der Politik stets genauso wie in der Wirtschaft.

Wie soll man das Werk sichern, wenn man selbst nicht
mehr darüber wachen kann? Viele große Testamente, in denen das versucht wurde, sind geplatzt, wie eine Nova in der
Milchstrasse, kaum daß sie in Kraft getreten waren. Hans
Imhoff hat so manchen Fall studiert.

»Mein Fall ist einfach«, sagt er selbstironisch und schaut
aus dem Fenster seines Arbeitszimmers auf die ausrangierte
Dampflok der Bundesbahn, das von ihm aufgestellte Sinn-
bild naiver und primitiver, ursprünglicher und überwälti-
gender Kraft: »Alles was ich brauche, ist ein Nachfolger, der

besser ist als ich.« Er lächelt. Aber seine Augen lächeln nicht: »Ich suche meinen Schatten – aber vielleicht habe ich ihn schon gefunden.«

Vor bald zehn Jahren hat er es einmal mit einem Mann versucht, der hochgelobt aus einer anderen Branche kam und den er als Kronprinzen aufbauen wollte. Der Versuch erwies sich schon nach kurzer Zeit als Flop; der Mann verließ den Konzern wieder.

Nun denkt Imhoff daran, bei seiner Suche nach dem Nachfolger nicht mehr in die Ferne zu schweifen. Das Gut geht sowieso mit dem Blut – warum nicht auch das Kommando?

Er hofft und setzt auf seine Tochter Annette, die erst 27 Jahre alt ist und schon den zur Imhoff-Gruppe gehörenden Wäschedienst »Larosé« mit über 1500 Mitarbeitern leitet. »Die ist eine echte Imhoff«, sagt der Vater: »Der nimmt niemand die Butter vom Brot. Sie kann bald soweit sein.«

Die Aufgabe, die auf Annette Imhoff zukommen könnte, ist groß, die Schuhe, in die sie schlüpfen müßte, haben Übergröße.

Zwei Daten spiegeln Hans Imhoffs wirtschaftliche Leistung im letzten Vierteljahrhundert wider, in dem er an der Spitze von Stollwerck stand:

Als er die ersten Aktien von der Deutschen Bank erwarb, machte das Unternehmen rund 100 Millionen Umsatz und zehn Millionen Verlust. Heute gehören ihm über 95 Prozent der Aktien, das Unternehmen macht 1,4 Milliarden Umsatz und über 20 Millionen Gewinn nach Steuern. 1997 produzieren zehn Stollwerck-Fabriken in sechs Ländern mehr als 200 000 Tonnen Süßwaren.

Dabei ist Stollwerck seinerseits nur ein Teil seiner Imhoff-

Gruppe, die insgesamt etwa zwei Milliarden Umsatz macht und über 7400 Menschen beschäftigt. Mit Imhoffs Worten ist die Gruppe »die Glucke aller Küken«.

»Ein Kerl aus Stahl, mit einer sanften Seele«, hat mein Bankier Enno von Marcard ihn genannt. Ein Mann wie ein Baum, in einer Welt voll immer dichter werdendem Unterholz. Hans Imhoff hat schon jetzt eine Spur auf Erden hinterlassen. Und diese Fährte flößt Respekt ein.

Bessere Bücher

zum gleichen Thema, denen ich eine Fülle von Informationen und Erkenntnissen verdanke, ohne sie leider für meine Fehler verantwortlich machen zu können:

- Uschi Baetz »Lust auf Schokolade«
  (Wienand-Verlag, 1996).
- L. Russel Cook »Chocolate Production and Use«
  (Jovanovich Harcourt Brace, 1982).
- Engelbert Greis »Die Stollwerck-Story«
  (Rheinau Verlag, 1980)
- Hans Imhoff »Kakao – Das wahre Gold der Azteken«
  (Econ-Verlag, 1988).
- Rolf Italiaander »Speise der Götter«
  (Droste Verlag, 1983)
- Hans-Josef Joest »Auf der Schokoladenseite«
  (Econ-Verlag, 1988).
- Hans-Josef Joest »Das Abenteuer einer Weltmarke«
  (Herausgeber: Stollwerck A.G.).
- Bruno Kuske »100 Jahre Stollwerck-Geschichte«
  (Druck: Ernst Hedrich, 1939).

Dank

schulde ich jenen, ohne deren Hilfe ich dieses Buch nicht hätte schreiben können:

– Konsul Dr. h.c. mult. Hans Imhoff
– Hilde Janke, Stollwerck AG
– Renate Wahl, Stollwerck AG
– Irena Maßmann, Hamburg.

Besonders verpflichtet

fühle ich mich Hans-Josef Joest, Autor des Buches »Auf der Schokoladenseite« (Econ-Verlag, 1988). Er hatte auf Tonband etwa 50 Imhoff-Interviews für seine Biographie aufgezeichnet, auf die zu stützen er mir freundlicherweise gestattete.

Illustrationen

stammen in ihrer überwiegenden Mehrheit aus dem Besitz der Familie Imhoff, der Stollwerck A.G. und des Imhoff-Stollwerck-Schokoladen-Museums. Die übrigen Fotografien veröffentlichen wir mit freundlicher Genehmigung von Associated Press GmbH, Frankfurt (1), W. Balfer, Köln (1), Deutsche Presseagentur GmbH, Hamburg (1), Foto Drathen, Köln (1), Peter Gauditz, Studio für Werbefotografie, Hannover (1), F. W. Holubovsky, Köln (1), Hans Hubmann, München (1), Portrait-Atelier Litzenrath, Köln (1), Foto-Studio A. Olligschläger, Köln (6), Brigitte Stachowsky, Köln (1), Helmut Stahl, Architektur- Industrie und Werbefotografie, Köln (1), Andreas Wiemer, Dortmund (1), Zik-Express, Köln (2).

Register